사랑 영화 기행 수업노트

영화제작기초 이론 교육: 패러다임 / 고전적 편집 편

한올출판사

대학에서 전공 강의를 시작한지 5년 정도 됐을 때다. 우연히 교양으로 영화 관련 강의를 해 달라는 제의를 받았다. 무척이나 고민이 되었다. 학생들에게 교양으로서 영화에 대해 무엇을 가르쳐야 하나? 사실 영화는 즐기기에 편한 '대중 상업' 예술이지 대학에서 교양으로 가르치기에는 생각보다 무척 어려운 교과목이다. 또한 필자의 전공은 이론이 아닌 연출로 그 막막함이 인산인해를 이루며 앞을 가렸다.

수없이 고민하고 고민하던 중에 필자는 '영화 제작에 관한 기초 이론 교육'을 '영화 속 사랑이야기'에 접목시켜, 대학 교양으로 가르치기로 결심했다. 이유는 다음과 같다.

첫째. '영화 제작에 관한 기초 이론'의 가장 큰 틀이 '패러다임'과 '고전적 편집 체계'이기 때문이다. 패러다임은 모든 영화가 갖고 있는 고유한 극적 구조로 영화 내용에 관한 모든 것이라 할 수 있으며, 고전적 편집 체계는 해당 내용을 어떻게 형식화(영상화) 시킬 것이냐에 관한 기본 개념으로, 두 가지 다 사실은 누구나 쉽게 배울 수 있으며 누구나 쉽게 응용할 수 있는, 영화학에 있어서 몇 안 되는 고유한 팩트이기 때문이다.

말이 너무 어려웠나 보다. 패러다임은 쉽게 말해 이런 거다. 영화나 드라마를 보다가 우리는 한번쯤 누군가 이런 식의 말을 하는 것을 들어 본 적이 있다. "너무 뻔해! 쟤네들 서로 이쯤에서 다시 만날 걸!" 이 말을 듣는 순간 우리는 이미 그 사실을 알고 있는 자신을 발견할 수 있다. 너무 '뻔한' 이야기 구조이기 때문이다. 이것이 패러다임이다. 우리는 누구나 웬만큼 영화나 드라마의 극적 구조를 이미 꿰고 있다. 어렵게 이야기하면 '영화만이 갖고 있는 독특한(Unique) 극적 구조'인 패러다임은 사실 우리가 명칭과 시간대만 몰랐을 뿐 누구나 통달한 개념인 것이다.

고전적 편집 체계 또한 그러하다. 총 다섯 가지로 구성된 해당 편집 체계는 (영화를 포함한) 모든 영상물을 연출/촬영/편집하는 데 있어 기본이 되는 개념으로, 너무나 간단한 다섯 가지 개념을 알면 누구나 영상물을 연출/촬영/편집할 수 있는 기본 원리를 습득할 수 있다. 그 다음에는 전문가들처럼 익숙함만이 남는다.

21세기 영상 시대를 살아가는 우리에게, (영화를 포함한) 광범위한 영상물을 제대로 파악할 수 있는 기본적이고 실질적인 교육인, '영화 제작에 관한 기초 이론 교육'은 무엇보다 절실하다고 생각된다. 하지만 실제 대학 교육에서는 교양 교과로 해당 관련 수업이 전무한 형편이다. 그래서 이와 관련, 해당 분야 국내 학위 1호자로서 그 사명감이 무엇보다 필자를 절실하게 만들었다.

그런데 문제는 역시 '어떻게?'이다. 영화 제작에 관한 기초 이론 교육은 일반적으로 대학에서 영화학과 학생들이 저학년 때 배우는 전공 분야이며 이전까지 그 누구도 체계적으로 교양 교과에서 하지 않았던 시도이기에 역시나 걱정이 앞섰다. 그래서 생각해 낸 것이 해당 교과목을 학생들이 재미있게 들을 수 있도록 '사랑이야기'와 접목시켜 가르치는 것이었다.

사랑! 세상을 살면서 가장 필요하지만 학교에서는 쉽게 배울 수 없는 것, 그렇지만 필자의 전공인 영화를 통해서는 쉽게 접근 가능한 것, 교양으로서도 학생들이 부담을 느끼지 않고 즐기며 수업에 임할 수 있는 것, 그것은 사랑이었다. 그래서 주로 사랑이야기가 소재인 영화를 대상으로 영화와 사랑에 대해 강의를 하게 되었다. 다행히 강의 평가 결과도 좋았다. 전부는 당연히 아니지만, 성의와 열의에 가득 찬 몇몇 학생을 볼 때면 보람도 느꼈다.

사랑, 해당 강의를 처음 시작할 때 30대 중반이었던 필자에게도 사실 사랑이란 단어는 익숙하지가 않았다. 그도 그럴 것이 사랑을 표현하고 사랑을 행하는 것이 무척이나 낯선 느낌이었기 때문이다. 필자만 그렇겠는가? 필자 나이 또래 이상의 사람들뿐만 아니라 필자 보다 나이 어린 사람들에 이르기까지 사랑을 표현하고 행하는 데 있어 그들의 능력은 대동소이할 것이다. 어쩌면 우리는 현실을 살아가는 데 있어 가장 중요한 것 중 하나인 사랑에 대한 고민은 정작 하지 않고 세월을 보낸 것이다.

아무쪼록 한 학기 동안 해당 교재로 수업을 들으며 당신이 사랑에 대해 고민하는 동안, 당신은 영화에 대한 폭넓은 교양도 갖게 될 것이다. 당신이 인생을 살면서 가장 많이 접하게 될 영화라는 대중 예술에 대한 이해는 당신의 삶을 풍족하게 해주며, 사랑과 삶에 있어 새로운 비전으로 당신을 이끌어줄 것이라 확신한다.

부디, '영화'와 '사랑'에 대해 한 학기 동안 진지하게 고민해보는 뜻 깊은 시간이 되길 간절히 기원하며 끝으로 이 책을 출간하는데 도움을 주신 김승종, 김현숙 교수님과 콘티를 그려준 김국남, 이수연, 정현규, 장명숙, 이은정, 변태현 선생님, 그리고 옆에서 함께 해준 정경준, 윤수철 선생님과 출간을 허락해 주신 임순재 대표님, 실무를 담당하신 최혜숙 실장님, 이효은 선생님께 깊은 감사를 드린다.

여 / 는 / 글

▪ 차 례

1장 영화제작기초 이론 교육
'패러다임/고전적 편집 체계'를 중심으로

2장 영화분석

1. 패러다임 적용

2. 고전적 편집체계 적용

3장 영화 속 사랑이야기
보고 느끼고 사랑하라! 그것이 젊음이다! · · · · · · · · · · · · · 183

영화기행 수업노트
사랑

영화제작기초 이론 교육

'패러다임/고전적 편집 체계'를 중심으로

1. 시드 필드[1]의 패러다임

수업 시간을 통해 사랑이야기가 소재인 수많은 영화를 살펴볼 분석틀 첫 번째는 패러다임인데요. 패러다임에 대해 설명 드리기 전에 우리는 시나리오가 무엇인지 먼저 알아야 할 것 같습니다. 왜냐하면 패러다임이 영화 시나리오의 극적 구조를 일컫는 명칭이기 때문입니다.

1) 시나리오란 무엇인가?

여러분은 시나리오가 무엇인지 대충 아실 겁니다. 쉽게 말해 시나리오는 영화를 찍기 위한 대본인데요. 사전적 정의는 '영상 매체를 염두에 두

---

1) 영화 구조의 아버지란 별칭을 갖고 있으며 패러다임 이론을 주창했다.

고 쓴 영화의 각본[2]이라고 한답니다. 시나리오는 대사와 지문으로 구성되어 있으며, 보통 수십 개의 씬으로 이루어져 있습니다. 씬이라는 것은 동일한 공간, 동일한 시간 속에 발생하는 일련의 사건들의 묶음으로 여러 개의 씬들이 모여 하나의 에피소드, 즉 시퀀스를 구성하고요.

시나리오는 영화에 있어서 가장 중요한 요소이며, 본격적인 영화 작업을 진행함에 있어 가장 기본이 되는 요소인데요. 미국의 저명한 시나리오 연구가 시드 필드는 시나리오를 읽으면 해당 시나리오가 영화화 되었을 때, 좋은 영화가 될 지 아닐지를 판단할 수 있다고 주장했습니다. 마치, 건축을 전공한 사람이 설계 도면을 보면 지어질 건물이 어떨지 미리 아는 것처럼 요. 실례를 보아도 대부분의 좋은 영화는 좋은 시나리오에서 나오는 것 같습니다. 잠시 시나리오가 무엇인지 읽어보세요. 읽어보시면 구체적으로 시나리오가 어떤 형식으로 쓰여 진 글인지 알 수 있을 겁니다.

S# 1   코엑스 몰. 그랜드 홀 밖.

입장하는 사람들을 배경으로 사방을 주시하고 있는 경찰 특공 대장 강화린. 곳곳에 설치된 바리게이트와 배치된 경찰 특공대원들. 건너편 건물 옥상 곳곳에 사방을 주시하고 있는 경찰 특공대 저격수들. 뭔가 미심쩍은 표정의 강화린.

S# 2   코엑스 몰 지하 주차장 3층. VIP 엘리베이터 앞.

대기 중인 경호원들. 엘리베이터 현관에 멈춰서는 총리 세단 일행. 일제히 열리는 차량의 문. 신속하게 경호 체제로 도열해 서는 경호원들. 가운데 세단 뒷문이 열리고 내리는 총리, 의식을 했는지 위쪽의 감시 카메라를 힐끔 쳐다보고.

---

2) http://enc.daum.net/dic100/contents.do?query1=b13s1603a

S# 3   코엑스 몰 근처. 차안.

(감시 카메라를 쳐다보는 총리의 얼굴에서 전환되는 화면) 노트북으로 여러 대의 감시 카메라를 체크하고 있던 희엽. 총리가 비서와 경호원들을 대동하고 엘리베이터에 오르자, 그들의 도착 층을 1층 그랜드 홀에서 지하 1층 주차장으로 대체시킨다. 순간, 그랜드 홀 밖 모니터로 갑자기 뛰기 시작한 강화린을 발견하며.

희엽   (헤드셋에 대고) **강화린이 눈치 챈 것 같습니다.**
서두르시죠!

S# 4   코엑스 몰 지하 주차장 1층. VIP 엘리베이터 앞.

인서트   B1이 명시된 VIP 엘리베이터로 연결되는 현관 앞.
주차해 있는 두 대의 차. 닫혀있는 현관. '신임 총리의 국민과의 대화 **관계로 보안상 이용할 수 없음**'이란 문구가 선명히 보인다.

현관 안. 엘리베이터 앞.
쓰러져있는 두 명의 경호원들. 박광복 양쪽에 종진과 (복면을 쓴) 부관이 소음 총을 들고 대기하고 있다.

부관   (정면을 응시하며 초조한 말투로)
장군님, 갑자기 작전이 왜 바뀐 겁니까?

박광복   그건 자네가 더 잘 알지 않나. 김범석 대위.

부관   예/

놀라며 박광복을 쳐다보는 부관, 종진과 눈이 마주치고
정면을 응시하라는 눈짓의 종진.

박광복   **자네가 나 같은 불효자는 안됐으면 좋겠구만.**

말없이 정면을 쳐다보는 부관, 고개를 떨어뜨린다.

그럼 시드 필드의 시나리오 분석으로 들어가 보도록 하겠습니다.

2) 시나리오, 어디서 시작할 것인가?

영화에 있어서 가장 중요한 요소인 시나리오를 쓰는 시작은 무엇이 될까요? 예를 들면, 어떤 사람은 특정 장소에 갔다가 영감을 얻어 쓰기도 하고요. 어떤 사람은 특정 배우를 타깃으로 쓰기도 합니다. 신문 기사에서 소재를 택해 시나리오를 쓰는 사람도 있고요. 자신의 실제 경험을 바탕으로 시나리오를 쓰기도 하지요. 이처럼 시나리오를 쓰는 방법에는 여러 가지가 있겠죠.

시드 필드는 이러한 여러 가지 시작이 있지만, 일단 시나리오를 쓰기 전에 가장 중요한 것은 먼저 분명한 주제를 갖고 그 주제에 맞춰 중심이 되는 인물의 행동을 서너 개의 문장으로 명료하고 간결하게 기술하는 것이라 보았습니다. 예를 들어 우리가 익히 아는 줄거리를 다르게 표현한 것이라 생각하면 되는데요. 너무 어렵게 생각하지 않으셔도 되고요. 그냥 이런 식의 한 줄의 주제를 줄거리 형식을 빌려 정리한 거라 생각하시면 됩니다.

순박한 시골 청년과 에이즈에 걸린 다방 레지의 운명적 사랑 이야기 - 〈너는 내 운명〉이겠죠. 첫사랑을 찾아 헤매던 한 남자와 그런 그를 오랫동안 짝사랑 해 왔던 한 여자의 러브 스토리 - 〈아는 여자〉겠죠. 한강에 느닷없이 나타난 괴물과 괴물에게 잡혀간 여중생을 구하기 위한 가족의 사투 - 〈괴물〉이고요. 호화 유람선에서 벌어지는 신분을 초월한 아름답고 슬픈 사랑 이야기 - 〈타이타닉〉입니다. 15년 동안 감금당한 복수를 하려다 오히려 복수 당한 한 남자의 이야기 - 〈올드 보이〉고요.

3) 패러다임[3]

앞서 언급한 설계도면 같은 것이 패러다임입니다. 시드 필드는 장편 상업 영화가 일정한 패러다임을 갖고 있다고 주장했으며, 국내에서 일반

---

3) 상기 패러다임에 대한 설명은 다음의 논문과 책을 참조했다.

관객이 볼 수 있는 상업영화 대부분이 해당 패러다임을 따르고 있다고 보여 집니다. 따라서 이를 교양으로 알아두면 좋을 것 같아 소개합니다.

그럼, 패러다임이 무엇이냐? 패러다임은 쉽게 말해 극적 구조입니다. 우리가 영화관에 가서 영화를 보는 행위는 집에서 편안히 텔레비전을 시청하는 것과는 분명히 다릅니다. 더구나 영화관은 매우 비싸지는 않지만 일정 금액을 지불해야만 입장할 수 있는 곳입니다. 따라서 관객은 영화를 보면서 뭔가 극적인 것을 기대합니다. 영화가 극적인 구조가 없다면, 우리는 단조롭고 지루하게 느낄 것이며 해당 영화는 속된 말로 망하게 될 것입니다. 시드 필드는 좋은 영화의 시나리오는 다음과 같은 극적 구조의 틀을 가지고 있다고 보았습니다.

일단 영화를 기본 120분으로 전제하고, 크게 다음과 같이 나눴습니다. 액트 I. 설정이라는 극적 정황으로 이루어짐. 1–30분까지. 액트 II. 대립이라는 극적 정황으로 이루어짐. 30–90분까지. 액트 III. 해결이라는 극적 정황으로 이루어짐. 90–120분까지.

그리고 액트 I은 구성점 I을 포함하고 있으며 구성점 I의 역할은 다음과 같습니다. 구성점 I. 25–27분 사이. 설정인 이야기를 낚아채서 대립으로 전환시키는 일, 에피소드, 사건 등등.

액트 II는 중간점과 밀착점 I / II, 구성점 II를 포함하고 있으며 그들의 역할은 다음과 같습니다. 밀착점 I. 45분 부근. 이야기를 중간점으로 가게 하도록 밀착시키는 역할을 합니다. 중간점. 60분. 액트 II를 전반부와 후반부로 나누며 전반부의 이야기를 후반부로 전환시키는 역할을 합니

논문. 김도영 「한국 영화 극적 구조 분석 및 새로운 지점에 대한 고찰」,
　　『영화연구』, 한국영화학회, 38호, 2008. 12
책. 시드필드, 박지홍 옮김, 『시나리오 워크북』, 경당, 2001.
　　Syd Field, *The Screen writer's Workbook*, Bantam Dell, New York, 2006.
　　_____, *The Definitive Guide To Screen Writing*, Ebury Press, Great Britain, 2003.
　　_____, *Four Screenplays*, Bantam Dell, New York, 2006

1장 · 영화제작기초 이론 교육

다. 밀착점Ⅱ. 75분 부근. 이야기를 구성점Ⅱ로 가게 하도록 밀착시키는 역할을 합니다. 구성점Ⅱ. 85-90분 사이. 대립인 이야기를 낚아채서 해결로 전환시키는 일, 에피소드, 사건 등등 그 무엇이라도 될 수 있습니다. 그리고 여기에 결론과 오프닝이 포함된 시작이 들어갑니다.

물론, 이러한 패러다임도 정하는 순서가 있다고 그는 조언했습니다. 먼저, 주제와 줄거리가 정리되면 다음의 순서에 맞춰 네 가지를 정합니다. 1.결론 2.시작 3.구성점Ⅰ 4.구성점Ⅱ. 그리고 액트 Ⅰ,Ⅱ,Ⅲ를 나눕니다. 그리고 중간점을 정한 후 밀착점Ⅰ,Ⅱ를 정합니다.

이러한 요소들은 해당 영화의 이야기가 극적인 방향성을 갖고 결론으로 치닫도록 만듭니다. 극장에서 영화를 보면서 우리는 누구나 영화에 몰입한 경험이 한번쯤은 있는데요. 패러다임의 제 요소들이 서로 촘촘히 연결되어 관객이 영화에 몰입할 수 있도록 돕고 있죠. 참고로 구성점은 액트Ⅰ에서 3-4개, 액트Ⅱ에서 12-14개, 액트Ⅲ에서 2-3 정도가 있다고 합니다.

각 액트 별로 많은 구성점들이 이야기가 결론을 향해 치닫도록 제 역할을 다하고 있으며 원인과 결과의 구조로 서로 긴밀하게 연결되어 있습니다. 구성점Ⅰ, 구성점Ⅱ는 이야기를 다음의 액트로 전환시키는 역할을 하는 구성점을 특별하게 구분한 것이랍니다.[4] 구체적인 사례는 추후 영화를 보면서 하나하나 설명해 드리도록 하겠습니다.

그럼, 퀴즈를 통해 패러다임에 대한 정리를 한 번 해보도록 하겠습니다. 다음의 예문을 패러다임에 맞춰 정리해 보시죠.

예문 솔로인 소심남이 퀸카를 만나 첫눈에 반하게 되고, 망설이다 대시를 하지만 거절당한다. 그는 좌절하지만 다시 용기를 내

---

4) 그 외 밀착점Ⅰ, 밀착점Ⅱ, 중간점도 사실은 해당 지점에 존재하는 구성점의 다른 이름인 것입니다. 밀착점Ⅰ, 밀착점Ⅱ, 중간점도 이야기를 진전시키는 데 그 역할을 충실히 하고 있습니다.

기로 마음먹고, 고백하러 간 자리에 마침 위기에 처한 퀸카를 구해 둘의 사랑은 이루어진다.

답안 주제 : 솔로인 소신남의 퀸카 쟁취기
결론 – 사랑이 이루어짐. 시작 – 솔로인 소심 남.

구성점Ⅰ – 퀸카에 첫눈에 반함.

구성점Ⅱ – 위기에 처한 그녀를 구해 줌.

액트Ⅰ – 솔로인 소심남, 퀸카에게 첫눈에 반해 사랑에 빠지다.

액트Ⅱ 전반부 – 한참을 망설이다 그녀에게 대시하는 소심 남.

중간점 – 거절 통보.

액트Ⅱ 후반부 – 좌절하지만 용기를 내어
                   그녀에게 다시 대시하러 간다.

액트Ⅲ – 그녀가 소심남의 진실을 받아들여 사랑이 이루어짐.

밀착점Ⅰ – 그녀에게 대시. 밀착점Ⅱ – 다시 용기를 냄.

시드 필드의 '패러다임'은 줄거리 중심으로 영화 강의를 진행하기 위한 좋은 실례이기 때문에 제시한 것입니다. 단순히 교양으로 알아두기도 좋고요.

☞ cf. 러닝 타임이 90분인 영화도 120분이 넘는 영화도 있지요. 의아해 하지 않으셔도 됩니다. 위에 설명한 기본 패러다임은 120분을 기준으로 한 것이며 실제로 우리가 영화 분석할 허리우드의 로맨틱 코미디는 90분 전후의 작품들이 많답니다. 실제 극장 개봉 상영작도 대작을 제외하고는 대부분 120분이 좀 안되고요. 그러한 까닭 중 하나는 상영 횟수를 늘리기 위해서 인데요. 실제로 상영 횟수를 늘리면 관람 관객 수가 더 늘어난다는 통계가 있기도 합니다. 하지만 해당 영화가 90분이 좀 넘든, 120분이 조금 안되든, 대작이라 120분이 훨씬 넘든, 중요한 사실은 나름대로 시드 필드가 제시한 패러다임의 요소들을 다 갖고 있다는 것입니다.

1장・영화제작기초 이론 교육

4) 새로운 지점에 대한 소개[5]

필자가 발견한 대중 상업 영화에 존재하는 새로운 지점은 선행 구성점, 기계적 중간점, 역지점, 변환지점입니다. 선행 구성점은 구성점 I 앞에 선행하며 구성점 I 이 존재하기 위해 반드시 있어야 하는 구성점입니다. 기계적 중간점은 액트 II 전반부와 액트 II 후반부를 기계적으로 명확히 구분하는 지점입니다. 즉 중간점은 액트 II 전반부의 끝부분이나 액트 II 후반부의 시작 부분에 위치해 전반부의 이야기를 후반부로 전환시키는 역할을 하지만, 기계적 중간점은 액트 II 전반부와 후반부를 구분 짓는 물리적 구획 지점입니다.

역지점은 기계적 중간점 직후부터 시작됩니다. 세 가지 중요한 역할을 합니다. 첫째. 이제까지 이어져오던 갈등과는 다른 양상이 펼쳐지며, 둘째. 주인공이 또 다른 선택을 할 수 있고, 셋째. (이제까지 이어져오던 갈등과는 다른 양상이 펼쳐진다고 생각되지만 사실은) 결론과 연관 지어 가장 큰 사건이 발생하는, 일어나는 지점입니다.

변환지점은 역지점의 끝에 존재하며 밀착점 II 전에 놓입니다. 기계적 중간점 직후 시작된 역지점을 통해 표면상 이완된 갈등은 변환지점을 통해 다시 원래의 대립 상황으로 환원됩니다. 또한 해당 대립 상황의 갈등은 증폭되며 이야기는 이제 결론을 향해 치닫습니다.

5) 〈너는 내 운명〉 패러다임 분석

제 26회 청룡 영화제에서 감독상을 수상한 박진표 감독의 〈너는 내 운명〉은 순박한 시골 청년과 에이즈에 걸린 다방 레지의 운명적 사랑 이야기를

---

5) 해당 새로운 지점은 필자가 발견한 지점으로 영화학회 학회지인 「영화연구」를 통해 2008년 12월 발표했으며, 해당 학회지에 발표한 논문의 내용을 좀 더 수정, 보완했다. 김도영, 「한국 영화 극적 구조 분석 및 새로운 지점에 대한 고찰」

그린 영화로, 각박한 현대 사회를 살아가는 우리에게 사랑의 위대함을 새삼 깨닫게 해 줍니다. 또한 러닝타임 121분으로 120분에서 크게 벗어나지 않으며 시드 필드의 패러다임과 잘 들어맞는 작품이기도 합니다. 그럼 〈너는 내 운명〉을 통해 해당 패러다임을 구체적으로 살펴보도록 하겠습니다.

줄거리는 다음과 같습니다. 순진한 시골 총각 석중은 다방 레지인 은하에게 첫눈에 반해 짝사랑에 빠집니다. 은하도 석중의 끊임없는 구애에 그의 사랑을 받아들이고 둘은 행복한 결혼 생활을 합니다. 그러나 자신이 서방임을 주장하는 천수의 등장과 은하가 에이즈에 걸렸다는 사실을 안 석중은 방황하게 되고 그 와중에 은하는 편지를 남기고 집을 나가 버립니다. 석중은 은하를 찾기 위해 노력하나 찾지 못하고 실의에 빠져 살던 중 은하가 경찰서에 잡혀있다는 소식을 듣고 둘은 다시 재회 합니다. 그리고 우여곡절 끝에 다시 서로의 사랑을 확인합니다.

시각적 오프닝(CD1 0107-0222[6]). 백설 같은 눈 위를 석중이 걸어가다 대자로 눕습니다. 클로즈업에 가깝게 들어간 화면에서 석중의 표정이 무척이나 환하게 보입니다. 해당 씬은 원래 이야기 구조상 맨 마지막 부분으로 은하가 출소하는 날로 추정됩니다. 일찍 도착한 석중은 은하를 기다리며 무척이나 행복해 합니다.

액트 I－설정이라는 극적 정황으로 이루어진 초반 30분이며 구성점 I을 포함하고 있습니다. 액트 I에서 우리는 석중과 은하의 직업, 인간관계, 너무나 다른 사랑관에 대해 알게 됩니다. 두 주인공의 직업과 인간관계, 가치관들이 설정되어 있는 것입니다. 이러한 설정은 우리가 해당 배우들에 대해 알지 못해서가 아니라 극 중 그들이 맡은 배역에 대해 전혀 또는, 잘 모르기 때문에 명확히 설정되어야 합니다. 해당 영화의 액트 I에서 중요 설정 부분을 살펴 보겠습니다.

---

6) 상기 러닝타임은 (주)대경 DVD에서 2006년 10월에 출시한 〈너는 내 운명〉 VCD를 참조했다.

첫 번째는 석중의 순진함과 사랑에 관한 나름의 신념을 보여주는 부분입니다. CD1 0545-0627. 두 번째는 은하에게 첫눈에 반하는 석중의 모습입니다. CD1 0938-1040. 두 번째 부분은 작은 구성점이라 볼 수 있습니다. 액트 I 에는 이야기를 전개시키는 작은 구성점이 3-4개 정도 존재합니다. 그 중 하나라고 보시면 됩니다. 액트 I 을 감상하는 동안 우리는 석중이 목장을 하는 것이 꿈인 순진한 시골 노총각이며 아직도 이상적인 사랑을 하고 싶어 한다는 사실을 알게 됩니다. 또한 돌중이라 불릴 만큼 착하지만 저돌적인 면도 있다는 사실도요. 이에 반해 은하는 산전 수전 다 겪은 다방 레지로 부분적으로 돈에 관한 부분을 뺀다면[7] 석중과 도저히 매치가 되지 않는 여자로 보입니다. 이러한 설정은 전체 극상 자연스럽게 '아이러니'를 발생시켜 극의 감동을 배가 시키는 원동력이 되기도 합니다.

구성점 I 은 25분과 27분 사이에 있으며 설정인 이야기를 낚아채서 대립으로 전환시키는 일, 에피소드, 사건, 인물의 구체적 행동, 대사 등등 그 무엇이라도 될 수 있습니다.

그럼 구성점 I 을 살펴보도록 합시다. CD1 2526-2833. 전체 러닝 타임 중 25분에서 28분까지의 분량입니다. 드디어 일방적인 석중의 구애에 처음으로 은하가 반응을 합니다. 열심히 간판을 닦아주는 석중에게 '측은지심'을 느낀 걸까요? 그것뿐만 아니라 석중에게 구체적인 질문도 하기 시작합니다. "나 뺀지 맞은 거야?", "그래서, 아저씬 어떤 스타일이 좋은데?" 해당 구성점 I 을 토대로 이야기는 구체적인 둘의 연애로 돌입합니다.

액트 II 는 대립이라는 극적 정황으로 이루어져 있으며 30분에서 90까지의 분량입니다. 중간점과 밀착점 I, II 그리고 구성점 II 를 포함하고 있습니다. 본격적인 둘의 연애 담이 시작되는데 대립이라고 하니까 이상하

---

7) 석중에게 일명 '공사'를 들어가 돈을 뜯어낼 생각이 아니라면.

지요. 사랑 이야기이기 때문입니다. '서론, 본론, 결론'에서 '본론' 부분이라고 생각하면 더 이해하기 편합니다.

중간점. 영화 시작 60분 부근으로 액트Ⅱ 전반부의 이야기를 액트Ⅱ 후반부로 전환시킨다고 말씀드렸죠. 전체 영화의 중간 지점에 해당되기도 합니다. 또한 중간점을 정한 후, 밀착점Ⅰ,Ⅱ를 정한다고 한 것 기억나시죠? 따라서 밀착점Ⅰ이 순서상으로는 중간점 보다 먼저 있지만 중간점부터 살펴보도록 하겠습니다. CD2 0000-0021. 해당 영화는 60분 전후를 지점으로 이야기가 확연히 구분됩니다. 은하의 서방이라고 주장하는 천수의 등장입니다. 60분 전후로 느닷없이 학교 운동장 구석에서 라면을 먹고 있는 천수의 모습이 보이고, 그 직전까지가 액트2의 전반부에 해당되며 천수의 등장 이후로 액트2의 후반부라 보시면 됩니다.[8] 액트Ⅱ 전반부가 본격적인 둘의 연애와 행복한 결혼 생활인데 반해 액트Ⅱ 후반부는 천수의 등장으로 인한 갈등과 은하의 가출, 석중의 방황 등으로 이야기가 60분 전후를 기점으로 명확히 전환됩니다. 그럼 밀착점 살펴보겠습니다.

밀착점Ⅰ. 러닝타임 45분 부근으로 이야기가 중간점으로 가도록 밀착시켜주는 역할을 하는 지점이 밀착점Ⅰ이라 했던 것 기억나시죠. 사실 실화를 바탕으로 한 영화라 그런지 이야기가 중간점으로 가도록 확실히 밀착시켜주는 역할을 한다고만은 볼 수 없지만, 분명 둘의 행복한 '결혼' 생활이 있기에 천수의 느닷없는 등장이 큰 충격을 몰고 오는 것이기 때문에 45분 부근에 있는 석중의 청혼이 그 역할을 한다고 보입니다. 해당 부분 보시겠습니다. CD1 4400-4602.

구성점Ⅱ. 85분과 90분 사이에 있으며 대립인 이야기를 낚아채서 해결

---

8) 상기 구분은 기계석 중간섬에 대한 설명에 더 가깝다. 시드 필드의 패러나임 중간점에 해당되는 부분은 정확히 말하면 천수의 등장 직후 '천수가 은하에게 처음으로 전화를 해 협박하는 부분'이다.

로 전환시키는 일, 에피소드, 사건, 인물의 구체적 행동, 대사 등등 그 무엇이라도 구성점Ⅱ가 될 수 있다고 했죠. 순서상으로는 밀착점Ⅱ가 우선이나 밀착점Ⅱ의 역할이 이야기가 구성점Ⅱ로 가도록 밀착시켜주는 역할을 하는 지점이므로 구성점Ⅱ부터 살펴보도록 하겠습니다. CD2 2513-2808.

전체 맥락을 살펴 볼 필요가 있음으로 액트2 후반부를 구체적으로 설명해 드리겠습니다. 은하가 에이즈에 걸렸다는 사실을 알게 된 석중은 괴로워합니다. 하지만 은하는 그러한 석중의 행동이 천수의 등장 때문이라고 오해합니다. 더구나 목장이 꿈인 석중이 소까지 팔아 천수에게 2500만원을 줬다는 사실도 알게 됩니다. 그녀는 석중을 떠나고 매춘부가 되는 조건으로 선불금을 받아 석중에게 부쳐줍니다.

석중은 은하를 찾으려고 노력하나 찾지 못하고 술로 세월을 보내고요. 그러던 1년 후, 석중은 은하가 경찰서에 잡혀있다는 연락을 받게 됩니다. 그래서 경찰서에서 은하와 석중은 '재회 아닌 재회'를 하게 됩니다. 이제 다시 만날 기회를 갖게 된 두 사람은 분명 어떠한 선택을 해야겠죠. 이야기는 전체 러닝타임 중 85분에서 90분 사이에 위치한 해당 구성점Ⅱ를 기점으로 또 다른 국면으로 넘어갑니다.

밀착점Ⅱ. 은하와 석중의 경찰서 재회 씬이 놓이기 위해서는 당연히 은하가 석중을 떠나야 합니다. 러닝타임 75분을 전후해서 석중은 집을 떠난 은하가 남긴 편지를 읽습니다. 은하가 떠나는 모습도 교차해서 보여줍니다. 해당 장면 보시겠습니다. 은하와 석중의 심적 상황을 좀 더 전달해 드리기 위해 약간 앞부분부터 보시겠습니다. CD2 1456-1712.

액트Ⅲ. 해결이라는 극적 정황으로 이루어져 있으며 90분에서 120분까지의 분량이라고 말씀드렸죠. '에이즈'라는 상황이 없었다면 해당 영화는 로맨틱 코미디가 될 수도 있었을 것입니다. 하지만 실화를 바탕으로 한 이 영화는 로맨틱 코미디는 분명 아닙니다. 그래도 해피엔딩의 결말을 갖고 있습니다. 대략 90분부터 펼쳐지는 본격적인 은하의 교도소 생활과 그녀를 기다리며 끝내 사랑을 이루는 애절한 석중의 러브스토리가 엔딩 타이틀을 포함해 121분까지 펼쳐집니다.

이상으로 〈너는 내 운명〉을 시드 필드의 패러다임으로 분석해 보았습니다.

☞ cf. 선행 구성점은 석중이 은하에게 첫눈에 반하는 지점이고, 역지점은 학교 운동장에서 라면을 먹고 있는 천수의 씬에서 시작됩니다. 변환지점은 천수에게 소를 팔아 2500만원을 준 후, 집에 돌아와 뒤돌아 누워 자고 있는 은하를 석중이 껴안는 부분이고요.[9]

2. 고전적 편집 체계

우리는 수없이 쏟아지는 영상의 홍수 속에서 살아가야만 합니다. 이는 도저히 피할 수 없는 현실이 되어 버렸죠. 하지만 그 수많은 영상이 매우 간단한 기본적인 법칙을 바탕으로 연출, 촬영, 편집되어 있다는 사실을 눈치 챈 분은 적을 겁니다. 우리에게 너무 익숙해져 버린, 그래서 우리가 전혀 모르고 지나쳐 버리는 이 법칙이 '고전적 편집 체계'란 것입니다.

영화는, 영상은 '고전적 편집 체계'라는 정말 간단한 법칙 다섯 가지만 알면 누구나 쉽게 만들 수 있습니다. 이는 누구나 모국어로 말할 수 있지만 배워야 한글을 쓸 수 있는 것과 같은 이치입니다. 그런데 인간은 태어

---

9) 심화학습이라 cf로 빠졌습니다. 심화학습을 원하시는 분만 다음의 논문 「한국 영화 극적 구조 분석 및 새로운 지점에 대한 고찰」을 참조하시거나 직접 교수님께 구체적으로 설명해 달라고 질문하시면 됩니다.

1장 · 영화제작기초 이론 교육

나면서부터 시청각을 활용해 현실을 파악하기 때문에 한글을 쓰는 것의 백분지 일 노력으로도 여러분은 누구나 영화를, 영상을 만들 수 있습니다. 카메라가 없다면 상상력으로라도 말입니다. 그럼 일단 초창기 영화부터 시작해 간단히 영화를, 영상을 만드는 법칙을 알아보도록 합시다.

1) 원시 영화

초장기의 영화들은 그냥 있는 그대로의 모습을 촬영한 화면들이었습니다. 19세 후반 영화는 정말 신기한 발명품이었기에 사람들은 〈열차의 도착〉이나 〈공장 노동자들의 퇴근〉처럼 있는 그대로를 보여줘도 열정적으로 영화를 볼 수 있었습니다. 이러한 영화들은 다큐멘터리와 구별하기 위해 '원시 영화'라 불립니다.

 〈열차의 도착〉, 〈공장 노동자들의 퇴근〉 감상

2) 연속 편집의 등장

원시 영화들은 하나의 단편 영화가 하나의 테이크, 하나의 씬, 하나의 쇼트[10]인 경우가 많았습니다. 즉 특정한 장소에 자리를 잡고 촬영을 시작하면 필름이 다 될 때까지 촬영을 한 것입니다. 그런데 '조르주 멜리에스'라는 쇼 비즈니스맨이 이러한 촬영된 필름을 이어 부치면 이야기를 연결시킬 수 있다는 사실을 깨닫고 〈달세계 여행〉이라는 작품을 만들었습니다.

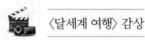 〈달세계 여행〉 감상

---

10) 여기서 쇼트는 보통 롱 쇼트를 말한다. 루이스 자네티, 반만준/진기행 옮김, 『영화의 이해』, K-books, 2008, 142쪽.

이러한 그의 작품은 연속 편집의 가능성을 열었으며, 사실주의적인(또는 다큐멘터리적인) 영화라는 발명품[11]을 표현주의/형식주의(또는 극영화)로 분기시키는 촉매제 역할을 합니다.

3) 쇼트

영화는 쇼트(Shot)라는 기본 단위로 구성되어 있습니다. 쇼트는 카메라가 한번 돌아가기 시작해서 멈출 때까지를 말하며[12], 관객의 관심을 조종하고 집중하기 위해 연구되었습니다[13]. 화면 안의 상황에 따라 그림 I에 소개된 명칭으로 불립니다.

또한 화면 안 등장인물의 수에 따라서는 단독 쇼트, 투 쇼트, 쓰리 쇼트라고 칭하며 그 이상을 그룹 쇼트라고 합니다. 영화 현장에서는 수많은 군중 씬을 따로 떼 씬, 몹 씬이라고도 부릅니다.

이러한 쇼트들이 모여 하나의 씬을 이룹니다. 씬이란 '동일한 장소, 동일한 시간 속에 발생하는 일련의 액션이나 대사의 모음'이며 씬들이 모여 '장소, 액션, 시간의 연속성을 통해 하나의 에피소드를 이루는 이야기가 시작되고 끝나는 독립적인 구성단위[14]'인 시퀀스를 구성합니다.

시퀀스의 예. 록키라는 영화의 마지막 시합 장면이 있다고 칩시다. 이때 해당 부분을 시합 시퀀스라 부르면 됩니다. 경찰이 차로 누군가와 맹추격전을 벌이는 씬들의 모음이 있다고 칩니다. 이때 해당 부분을 추격 시퀀스라 부르면 됩니다.

---

11) 사실주의적인 영화라는 발명품은 당시 아직 예술로 인정받지 못했습니다.
　　영화가 예술이 되기 위한 피나는 노력은 밑에 책을 참조하시면 됩니다.
　　루돌프 아른 하임, 김방옥 옮김,『예술로서의 영화』, 기린원, 1990.
12) 편장완/한승룡 저,『편집을 알면 영화가 보인다』, 도서출판 위드커뮤니케이션즈, 2002, 3쪽.
13) 엠마뉴엘 시에티, 심은진 옮김,『쇼트』, 이화여자대학교 출판부, 2006, 83쪽.
14) 위의 책,『편집을 알면 영화가 보인다』, 3쪽.

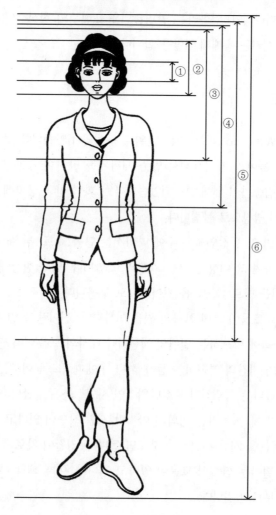

① 익스트림 클로즈업 쇼트 – 클로즈업 보다 더 들어 간 화면.

② 클로즈업 쇼트 – 일반적으로 얼굴만 잡은 화면.

③ 바스트 쇼트 – 가슴 근처에서 얼굴까지 잡은 화면.

---

15) 앞의 책, 「편집을 알면 영화가 보인다」, 3쪽을 참조했다.

④ 미디엄 쇼트 – 허리 근처에서 얼굴까지, 상체 전체를 잡은 화면.

⑤ 니 쇼트 – 무릎에서 얼굴까지 잡은 화면.

⑥ 풀 쇼트 – 발에서 얼굴까지 인물 전체를 잡은 화면.

⑦ 롱 쇼트 – 풀 쇼트 보다 더 넓은 화면으로 소극장 연극 무대에 서 있는 배우를 본다고 생각하면 됩니다.

4) 고전적 편집 체계

1930년대 중반부터 허리우드에서 정점에 이르러 전 세계 영화의 모델이 된[16] 편집 체계입니다. 그 당시 콜롬비아, 워너 브라더스, M. G. M, 파라마운트 등의 영화사들은 영화 제작 뿐만 아니라 배급에 관한 통제권까지 갖고 있었으며 전성기를 구가했습니다. TV도 없던 시절이니 영화만한 오락 매체가 없었습니다. 영화사들은 수많은 물량을 공급하기 위해 영화를 쉽고 빠르게 만드는 그들만의 노하우를 축적했습니다. 그것이 바로 '고전적 편집' 방식입니다. 문제는 해당 편집 방식이 너무 쉽다는 데 있습니다[17]. 기본적인 다섯 가지 방식만 습득하면 여러분 모두 다 쉽게 연출, 촬영, 편집에 관한 기본 개념을 파악할 수 있습니다.

① 180도 법칙

영화에서 100만 명의 병사들이 쳐들어와 겨우 300명이 대적을 해도[18] 해당 장면을 살펴보면 쇼트와 쇼트의 분명한 갈등의 중심축은 거의 대부분 딱 두 명에 불과합니다. 이 두 사람 사이에 가상선을 그으면 180도 선이 그어집니다. 이때 카메라는 이 180도 선을 넘으면 안 됩니다. 넘지 않아야 하는 가장 중요한 이유는 화면의 좌우가 바뀌게 되어 관객이 혼동을 느끼기 때문입니다.

---

16) 벵상 피넬, 심은진 옮김, 『몽타주』, 이화여자대학교 출판부, 2006, 66쪽.
17) 마치, 콜롬버스의 '계란 세우기' 같다고 할까요.
18) 영화 〈300〉입니다.

② 시선의 일치

180도 법칙과 연계되어 있습니다. 영화는 끊임없는 시선의 교차로 이루어져 있습니다. 시선의 일치란 해당 인물의 시선이 그 연출의 의도와 맞게 일치되어야 함을 말합니다. 그림[19]과 더불어 180도 법칙과 관련해 설명하겠습니다.

남자가 위쪽에, 여자가 테이블 아래쪽에 앉아 서로 마주보고 있습니다. 둘 사이를 연결하면 180도 선이 그어집니다. 카메라가 첫 번째 쇼트로 1번 위치에서 남자를 촬영했다면 180도 법칙을 지키기 위해 여자를 3번 위치에서 촬영해야 합니다. 180도 선을 넘어 6번 위치에서 촬영하면 화면의 좌우가 바뀌기 때문입니다. 즉, 시선도 반대가 됩니다.

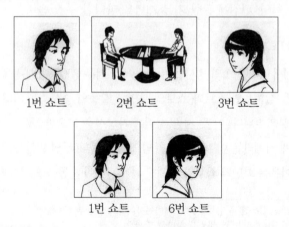

1번 쇼트   2번 쇼트   3번 쇼트

1번 쇼트   6번 쇼트

19) 앞의 책,「편집을 알면 영화가 보인다」5쪽을 참조했다.

따라서 관객들은 설정쇼트인 2번 쇼트가 없다면, 180도 선을 넘어 촬영한 6번 쇼트를 1번 쇼트와 붙이면 둘이 같은 방향을 바라보고 있다고 생각합니다. 따라서 연출의 의도가 서로 마주보고 있는 것이라면 당연히 시선도 마주보고 있도록 일치되어야 하며(시선의 일치), 그러기 위해서는 180도 법칙도 지켜야 합니다.

③ 행위의 일치

영화를 보면 등장인물이 어떤 구체적 행동을 취할 때가 많습니다. 행위의 일치란 그러한 인물의 행동에 관객이 집중해 있을 때 다른 쇼트를 연결시키는 편집 기법입니다. 이때 관객이 쇼트의 연결을 모르게 하려면, 당연히 해당 등장인물의 행위는 일치되어야 합니다. 드라마나 영화를 보면 등장인물이 일어서 있다가 앉을 때, 앉아 있다가 일어설 때 분할된 쇼트가 연결되어 있는 것을 쉽게 발견할 수 있습니다. 행위의 일치를 이용한 편집입니다.

④ 쇼트 크기의 변화

화면 안 인물의 상태에 따라 불리던 쇼트의 명칭 기억나시죠? 그 중 '② 클로즈업 쇼트'에서 '⑥ 풀 쇼트'까지 다시 한 번 살펴봐 주길 부탁드립니다[20]. 쇼트 크기의 변화란 이어지는 쇼트가 그 전의 쇼트 보다 두 단계 이상 쇼트 크기의 변화가 있게 연결시켜야만 한다는 법칙입니다.

예를 들어 첫 번째 쇼트가 바스트 쇼트라면 이어지는 쇼트는 두 단계 이상이므로 미디엄 쇼트를 지나 니 쇼트 이상, 확실히 안전하려면 풀 쇼트로 잡아주면 됩니다. 다른 예로, 첫 번째 쇼트가 니 쇼트라면 이어지는 쇼트는 미디엄 쇼트를 지나 바스트 쇼트 이상, 안전하려면 클로즈업으로 잡아주면 됩니다. 이렇게 두 단계 이상 쇼트 크기의 변화가 있게 잡아줘야만 관객이 영화를 볼 때 해당 쇼트가 튄다는 느낌을 받지 않습니다.

---

20) 24쪽 그림 I을 보면 됩니다.

⑤ 30도 법칙

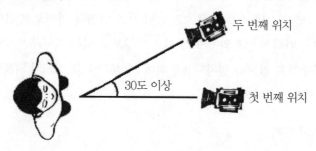

두 번째 위치

30도 이상

첫 번째 위치

카메라가 촬영하는 대상을 피사체라고 합니다. 카메라가 첫 번째 위치에서 피사체를 촬영하고, 위치가 고정된 동일 피사체를 두 번째 위치에서 촬영해 두개의 쇼트를 붙이려 합니다. 그렇다면 카메라의 첫 번째 위치와 두 번째 위치를 고정된 피사체와 연결했을 때 생기는 각이 30도 이상이어야만 쇼트의 연결이 매끄럽게 되는데, 이를 30도 법칙이라 합니다.

고전적 편집은 일종의 법칙입니다. 특히나 ④쇼트 크기의 변화, ⑤30도 법칙은 인간의 인식 체계와 관련된 것으로 암기해야만 합니다.

5) 고전적 편집 체계의 목적

영화는 수없이 많은 쇼트들로 구성되어 있습니다. 하지만 놀랍게도 영화를 볼 때 우리는 이러한 분절된 쇼트들을 전혀 인식하지 못합니다. 모든 상업 영화가 관객이 영화 자체에 몰입할 수 있도록 아주 매끄럽게 잘 편집되어 있기 때문입니다. 고전적 편집 체계의 목적은 바로 이것입니다. 관객이 쇼트의 결합을 미처 알지 못하게 만드는 것, 그런 의미에서 고전적 편집을 '불가시 편집'이라고도 부릅니다.

영화분석

1. 패러다임 적용

1) 부분 적용

♣ 아는 여자 ··

◖ 학습목표

> ○　1. 패러다임 요소 중 결론, 시작 살펴보기
> 　　2. 슬랩스틱 코미디란?

🎞 오프닝 타이틀 ●●● 예고편 감상

첫사랑이란 무엇일까요? 많은 사람들이 첫사랑에 대한 추억을 잊지 못하고 삽니다. 저 또한 아련한 첫사랑의 추억을 갖고 있습니다. 강의를 듣는 여러분들 또한 마찬가지라 생각 됩니다. 물론 아직 못해 본 분도 당연히 계시겠죠. 그러나 그분들이 부럽기도 합니다. 이제 인생의 마지막 기회인 첫사랑을 곧 할 수 있을 테니까요. 하시게 되면, 무슨 수를 쓰더라고 꽉 붙잡으셔야 됩니다! 인생, 단 한 번의 기회이니까.

■ 작품분석

아는 여자는 이런 첫사랑에 대한 이야기입니다. 언제나 첫사랑을 찾고 싶어 하는 남자와 변함없이 그 남자를 첫사랑으로 사랑하고 있는 여자, 동치성과 한이연이 나옵니다. 둘은 지척에 살고 있지만, 아직 동치성은 한이연의 존재조차 몰랐습니다. 정확히 말해 그녀가 그의 주변에 없었던 것이 아니라, 그가 그녀를 몰랐던 것이 아니라, 너무 멀리서 사랑을 찾고 있느냐고 정작 그녀에게는 관심조차 없었죠.

■ 패러다임

패러다임의 요소 중 가장 먼저 정해야 하는 결론과 시작을 중점적으로 살펴보도록 하겠습니다.

♪♫ 결 론

결론 부분을 가장 먼저 정해야 하는 이유는 무엇일까요? 바로 해당 작품의 작가관과 밀접한 연관이 있기 때문입니다. 똑같은 소재와 전개, 구성을 갖고 있다 하더라도 결론 부분을 어떻게 끝내느냐에 따라 해당 작품의 주제가 달라지는 건 당연합니다. 그래서 시드 필드는 결론을 시작보다 먼저 정해야 한다고 주장했습니다.

그럼 〈아는 여자〉의 결론은 무엇일까요? 벌써 다 아시겠지만, 당연히 동치성이 한이연의 사랑을 받아들이는 거겠죠. 하지만 언제나 '어떻게'가 중요합니다. 여기에는 로맨틱 코미디의 법칙이 존재합니다. 바로 달리는 거죠. 차를 타고 질주하거나 직접 뛰거나. 그런데 문제는 그 순간이겠죠. 뭔가 직접적인 계기가 있고 분명한 깨달음에 대한 설명이 있어야 관객이 해당 주인공이 뛰는 것에 동의할 테니까요. 마치 1기압에서 물이 99도까지는 끓지 않다가 100도에서 끓는 바로 그 순간에 주인공이 뛰어야겠죠. 그리고 '대중' 상업 영화이므로 그간 가슴에 쌓여왔지만, 미처 깨닫지 못했던 사랑에 대한 생각, 회상들이 쏟아져 나와야겠죠.

　관객에게 주인공의 마음이 100도씨라는 것을 친절하게 구체적으로 설명해줘야 하니까요. 이때 당연히 회상(flash back)은 유용한 영화적 기법이 됩니다.

　해당 영화가 그런지 살펴보겠습니다. 동치성은 인생의 전환점 중에 하나였던 애인을 죽인 여자의 자살을 목격하게 됩니다. 그리고 그 여자와 사랑에 대해 이야기하는 환상을 겪은 후, 그는 마침내 쌓여 왔던 감정이 폭발합니다.

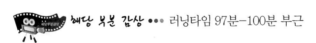

해당 부분 감상 ●●● 러닝타임 97분–100분 부근

　앞서 많은 사람들이 던진 사랑에 대한 화두와 더불어 회상의 끝에는 당연히 한이연이 등장합니다. 동치성은 너무나 멀리서 잘못된 방식으로 첫사랑을 찾아 헤맸던 거죠. 그 다음엔 어떻게 될까요? 당연히 회상을 통해 얻은 삶의 지식과 깨달음을 실천해야겠죠.

해당 부분 감상 ●●● 러닝타임 101분–102분 부근

　그는 사실, 사랑하는 법을 몰랐던 겁니다. 많은 여자들을 사귀었지만 정작 그녀들에게 무관심했던 겁니다. 영화관에서 한 번도 데이트를 즐겨본 적이 없을 뿐더러, 무엇을 좋아 하는지, 혈액형이 뭔지, 알려고 하지도

않는 그런 남자였던 겁니다. 수많은 역경 속에서 그는 이제야 겨우 사랑의 기본에 대한 첫걸음을 시작한 겁니다. 그를 평생 사랑해 왔고, 사랑할 한이연이란 여자와 함께 말이죠.

해당 부분 감상 ••• 러닝타임 102분-104분 부근

그리고 그의 입은 폭발합니다. 물어봤던 것을 또 물어보는 동치성의 행동에 미소가 절로 생기지 않습니까?

액트Ⅲ의 결론 부분 중 맨 마지막 부분을 살펴보니, 앞에 무슨 에피소드가 있었는지(있어야 할지) 윤곽이 잡히지 않습니까? 그러므로 패러다임의 정리 중 첫 번째가 결론인 것 같습니다.

♪♬ 시작

영화의 시작을 알리는 '오프닝 시퀀스' 중 첫 씬을 살펴보도록 하겠습니다. 시퀀스란 씬들의 집합체로 하나의 에피소드가 시작되고 끝나는 구성단위라 했죠. '오프닝 시퀀스'란 영화가 시작되어 오프닝 타이틀이 뜨기 전까지를 말합니다. '상업' 영화에서 오프닝 시퀀스는 가장 중요한 부분 중 하나입니다. 초반 5분에 관객이 영화에 몰입하지 못하거나 재미를 느끼지 못하면, 흥행에 실패한다는 속설이 있을 정도니까요. 그래서 흔히 액션 영화들은 가장 극적인 장면 중에서도 극적인 부분을 영화 맨 앞 도입부에 배치하는 경우도 있습니다. 예를 들어 〈스워드 피시〉가 대표적 예입니다.

〈스워드 피시〉 도입부 특별 씬 감상 ••• 러닝타임 4-8분 부근

그렇다면 〈아는 여자〉에서는 시작을 어떻게 해야 할까요? 언제나 첫사랑을 찾던 남자라면, 필자의 생각엔 실연당하는 장면이 제격일 것 같

습니다. 사귀던/사랑한다 생각했던 여자에게 실연을 당하게 되면 동치성은 사랑에 대한 깊은 고뇌의 나락에 빠지게 될 것이고, 이로 인해 관객은 동치성의 기존 사랑관을 알 수 있으며 한이연의 접근 또한 용이해지겠죠. 무엇보다 동치성에게는 슬픈 일이지만 그의 실연이 관객들에게는 재미있어야 합니다. '상업'영화이니까요.

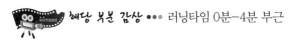 해당 부분 감상 ●●● 러닝타임 0분~4분 부근

동치성의 상상에 웃음이 절로 나오지 않습니까? 이렇게 온몸으로 웃기는 코미디가 전체 영화의 주를 이루면 따로 '슬랙스틱 코미디'[21]라 합니다. 대표적인 배우 겸 감독으로는 찰리 채플린이 있습니다[22].

영화에 있어서 도입부는 전체 영화의 톤을 관객에게 알려줄 뿐만 아니라 주인공에게도 집중하게 해 줍니다.

❸ 정리

우리는 〈아는 여자〉를 통해 너무 멀리서 사랑을 찾던 남자와 지척에서 그를 오랫동안 짝사랑하던 여자의 '첫사랑 이야기'를 엿 보았습니다. 언젠가 이런 말을 들은 적이 있습니다. '당신의 사랑은 불과 당신의 반경 5Km거리 안에 있다.' 실제로 많은 연인들의 이야기를 들어보면 운명인 것처럼 보이지만, 지척에 살고 있기 때문에 우연히 만날 확률이 많았던 것도 사실인 것 같습니다. 오늘 한 번 주변을 둘러보시죠. 누군가 오랫동안 당신을 짝사랑하고 있을지도 모릅니다.

---

21) 액션을 과장한 희극. http://100.naver.com/100.nhn?docid=99844
22) 찰리 채플린 단편 감상하며 '슬랙스틱 코미디' 설명요.

　　　　　　　　　　　　　　　　　　　　2장 · 영화분석

♣ 엽기적인 그녀 ·································

🔖 학습목표

○ 1. 패러다임 요소 중 액트Ⅰ, 구성점Ⅰ 살펴보기
   2. 카메오란?
   3. 내레이션의 기능 알아보기

🎬 **오프닝 타이틀** ●●● 예고편 감상

'엽기녀'라는 설정으로 2001년 430만 관객을 동원했던 〈엽기적인 그녀〉를 기억하십니까? 이 영화를 보면서 전반부에서는 웃음과 폭소를, 후반부로 갈수록 눈시울을 적셨던 기억이 선합니다.

1 작품분석

♪♫ 캐릭터 분석

주요 인물들의 설정이 무엇보다 중요한 영화입니다. 특히 가부장적인 한국 사회에서 보기 드문 남녀 주인공 캐릭터는 영화를 말할 때 반드시 짚고 넘어가야 할 부분인 것 같습니다.

① 견우 - 차태현이 분한 견우에 대해 말하자면, 현재 대학 복학생으로 '먹구 대학생[23]'입니다. 다소 어수룩한 면이 많지만 엽기녀가 해달라는 것은 다해주며 그녀를 위해 온 몸 바치는 스타일입니다.

② 엽기녀 - 전지현이 분한 엽기녀는 일단 대학생인 것처럼 보입니다. 단군 이래 가장 엽기적인 행동을 보여주는 여성 캐릭터로 시나리오 작가를 꿈꾸고 있습니다.

---

23) 그 당시 공부하지 않고 놀고 먹는 대학생을 풍자한 말.

② 패러다임

영화는 견우의 '내레이션[24]'을 중심으로 진행됩니다. 내레이션은 다큐 멘터리에서 주로 사용하는 기법인데, 해당 다큐멘터리를 보는 관객에게 사실적인 호소력을 지닙니다. 이에 반해 극영화에서 내레이션 사용은 관 객이 주인공에게 쉽게 친숙함을 느끼게 해주며, 극 중 주인공에게 몰입 할 수 있게 도와줍니다.

본격적으로 설정 부분인 액트Ⅰ과 구성점Ⅰ에 대해 구체적으로 살펴보 겠습니다.

♪♬ 액트 Ⅰ

액트Ⅰ에 대해 기억나십니까? 설정이라는 극적 정황으로 이루어져 있 으며 30분 정도의 시간 분량으로 구성점Ⅰ을 포함하고 있습니다. 설정에 서 가장 중요한 사안은 주인공이 극중 처한 상황에 대한 소개입니다. 전 체적으로 액트Ⅰ 부분은 견우의 1인칭 내레이션이 많이 등장합니다. 자신 이 현재 처한 상황과 과거 자신의 소개, 그리고 과거에 만난 엽기적인 그 녀에 대한 소개 등이 보입니다. 다시 말해 전체 상황 설정, 주요 등장인 물 소개, 캐릭터 설정 등이 이루어지고 있습니다. 그럼 일단 오프닝 시퀀 스부터 화면을 통해 살펴보겠습니다.

 해당 부분 감상 ●●● 러닝타임 0분-2분 부근

해당 오프닝 시퀀스는 크게 세 부분으로 나뉩니다. 첫 번째는 누군가 를 기다리고 있는 견우의 모습입니다. 내레이션을 통해 우리는 견우가 2 년 동안 누군가를 기다리고 있다는 사실을 알게 됩니다. 구체적으로 설

---

24) 영화, 방송극, 연극 따위에서, 장면에 나타나지 않으면서 장면의 진행에 따라 그 내용이나 줄거리를 장외(場外)에서 해설하는 일. 또는 그런 해설.
http://krdic.naver.com/detail.nhn?docid=7140200

2장 · 영화분석

명하진 않았지만 우리는 그가 기다리는 사람이 사랑하는 여자라는 것을 쉽게 알 수 있습니다.

두 번째 부분은 사진관에서 사진을 찍고 있는 견우입니다. 이때 고모에게 전화가 걸려오는데요. 해당 장면은 결론을 해피엔딩으로 이끄는 중요한 설정입니다.

마지막 부분은 자신의 유년 시절에 대한 소개가 은은한 음악과 함께 견우의 내레이션을 중심으로 보여 집니다. 처음 보는 사람에게 자신을 소개 하는 듯한 이 장면은 친근한 견우의 어린 시절을 공유함으로써 그를 더욱 친숙하게 만듭니다. 짧은 분량이지만 해당 영화의 오프닝 시퀀스는 전체 영화의 큰 틀을 설정하고 있습니다.

그럼, 본격적으로 액트Ⅰ으로 들어가 보겠습니다. 해당 영화는 오프닝과 더불어 전반부와 후반부, 연장전이라는 특이한 구분을 갖습니다. 하지만 기본적인 패러다임 구조는 적용 가능합니다.

해당 부분 감상 ●●● 러닝타임 2분–5분 부근

본격적인 액트Ⅰ 시작 부분에서 우리는 체 3분도 안 되는 시간에 주인공 견우에 대해 너무나 많은 사실을 알게 됩니다. 순서대로 정리해 보겠습니다.

1. 공익 요원으로 구파발에 근무했다.
2. 이제 막 복학했다.
3. 이상형을 보면 못 참는 성격이다.
4. 무서운 어머니가 있다.
5. 1년 전, 하나 밖에 없는 아들을 잃은 고모가 있다.
6. 그 아들이 견우와 비슷한 외모를 갖고 있다.
7. 그 고모가 여자를 소개시켜 준다는 것을 봐서 애인은 없는 것 같다.

8. 그의 이상형은 순정만화 주인공 스타일이다.

9. 나름대로 의협심도 갖고 있다.

10. 전지현과 같은 스타일이 외모 상으로는 이상형이다.

　단, 술을 취하도록 먹는 여자는 제외다.

이러한 정보를 아는 데는 내레이션이 큰 기여를 합니다. 앞에서도 언급했지만 내레이션은 우리를 자연스럽게 극에 몰입하게 만들어 줄 뿐만 아니라 감독의 입장에서 관객에게 알려주고 싶은 정보를 흘릴 수 있는 가장 손쉬운 방법입니다. 여기서 주목할 점은 고모에 대한 반복입니다. 도입부 오프닝 시퀀스에서도 언급됐던 고모는 전반부가 시작되자마자 다시 언급됩니다. 그리고 관객이 충분히 기억할 수 있게 아들이 1년 전에 죽었다는 충격적인 설정과 그 아들이 주인공과 닮았다는 정보까지 제시됩니다.

이렇게 친절한 반복은 상업 영화에서 간과해서는 안 되는 요소입니다. 다른 차원의 예시지만, 〈아는 여자〉 액트Ⅲ의 해결 부분에서 동치성이 뛰면서 플래시백이 되는 것처럼 친절한 반복은 극중 상황을 관객이 자연스럽게 받아들일 수 있게 해줍니다. 또한 굳이 눈여겨보지 않더라도 영화 뒷부분에 제시되면 관객은 앞의 상황을 기억해 냅니다. 도대체 고모가 어떤 역할을 하기에 그럴까요? 영화 안 보신 분들을 위해 고모의 역할에 대한 정보는 알려주지 않겠습니다. 중요한 사실은 주인공 견우에 대한 설정이 전반부 시작하자마자 바로 이루어졌다는 것입니다.

남자 주인공에 대한 소개가 끝났으니 당연히 엽기녀에 대한 캐릭터 소개가 액트Ⅰ 곳곳에 펼쳐지겠죠. 엽기녀에 대한 소개는 견우와는 다르게 부분적으로 여러 차례 나뉘어져 소개됩니다. 왜일까요? 해당 영화는 견우의 내레이션으로 짐작할 수 있듯이 그의 시점으로 전개됩니다. 우리는 견우의 입장에서 그녀에 대해 하나하나씩 알게 됩니다. 마치 소설에서 1인칭 화자처럼 견우는 엽기적인 그녀를 우리에게 소개합니다.

그녀는 참 재밌는 성격의 소유자입니다. 일단 경로사상이 투철하고 남자가 분홍색 옷을 입는 것을 싫어하는 것 같습니다.

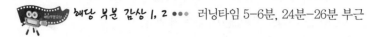 **해당 부분 감상 1, 2 •••** 러닝타임 5-6분, 24분-26분 부근

도덕심 또한 투철 하구요. 이번에는 골뱅이로 시비를 거는 것 봐서 아까 분홍색은 시비 걸때 콘셉트인 것 같습니다. 사회의 안녕과 질서를 바로 잡기 위한 그녀의 모습을 잘 보았습니다. 다음으로 그녀와 주문을 하면 일단 한가지로 통일을 해야 될 것 같군요.

 **해당 부분 감상 1, 2 •••** 러닝타임 21-22분, 24분 부근

이러한 엽기녀의 성격은 전반부에서도 명확히 드러나지만 영화가 진행되면서 견우와 가까워지자 좀 더 구체적으로 드러납니다. 그녀의 성격을 일목요연하게 정리해주는 장면이 있는데요. 액트Ⅰ 부분은 아니지만, 살펴보시죠.

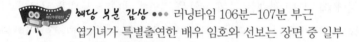 **해당 부분 감상 •••** 러닝타임 106분-107분 부근
엽기녀가 특별출연한 배우 임호와 선보는 장면 중 일부

이젠 그녀가 어떤 여자인지 잘 아시겠죠? 마지막 부분에 포장마차 왼편에서 혼자 소주를 마시는 취객으로 나온 사람이 해당 영화의 감독인 곽재용 감독입니다. 이렇게 영화를 보다보면 간간히 감독이나 유명인이 짧게 출연하는 것을 볼 수 있는데 이러한 것을 '카메오[25]'라고 합니다.

---

25) 저명한 인사나 인기 배우가 극중 예기치 않은 순간에 등장하여 아주 짧은 동안만 하는 연기나 역할. http://krdic.naver.com/detail.nhn?docid=38522300

♪♫ 구성점 I

액트 I 설정인 이야기를 낚아채서 액트 II 대립으로 전환시켜주는 인물의 대사나 구체적 행동, 사건 등을 구성점 I 이라고 합니다. 그렇다면 해당 영화에서 구성점 I 은 무엇이 될까요? 무리가 없다면 아마도 견우가 엽기녀에게 무언가 특별한 감정을 느끼는 부분이 아닐까 생각됩니다. 그리고 이 감정은 당연히 내레이션을 통해 표현될 것 같습니다.

 해당 부분 감상 ●●● 러닝타임 30분–31분 부근

술에 취한 엽기녀를 여관에 데려올 수밖에 없는 불쌍한 견우, 그녀를 보살펴 줍니다. 마음속으로 "이 여자의 아픔을 치료해 주고 싶다."라고 말합니다. 그리고 이어지는 화면에서 견우의 내레이션을 통해 본격적인 둘의 만남을 자연스럽게 예고합니다.

 해당 부분 감상 ●●● 러닝타임 31분–32분 부근

해당 여관 씬을 통해 이야기는 자연스럽게 액트 I 에서 액트 II 로 전환됩니다. 액트 II 가 대립이라고 했는데 사랑이야기로 넘어간다니까 약간 혼란스러운 분들이 계실 겁니다. 사랑이야기와 대립이라는 단어가 어울리지 않으니까요. 이럴 경우, 영화의 주를 이루는 구체적인 사건이 펼쳐진다고 생각하시면 됩니다. 서론, 본론, 결론의 본론 부분[26]이라고 할까요? 〈엽기적인 그녀〉처럼 남녀가 처음 만나 사귀다 헤어지는 경우라면 사귀게 되는 계기가 구성점 I 이 될 가능성이 많습니다. 둘이 사귀어야 본격적인 이야기인 액트 II 가 펼쳐질 수 있으니까요.

---

26) 〈너는 내 운명〉과 같은 경우입니다. 18쪽 마지막 단락을 참조하면 됩니다.

❸ 정리

〈엽기적인 그녀〉는 로맨틱 코미디이지만, 사실은 불의의 사고로 사랑하는 사람을 잃고 그 사람을 잊지 못하는 여자와 그런 여자를 사랑하게 된 남자의 슬픈 사랑이야기입니다.

현실에서 이별은 또 다른 사람에게 사랑의 아픔을 주기도 하는데요. 그런 행동은 삼가 해야겠습니다. 사랑은 사람에 대한, 타인에 대한 존중으로 시작되니까요. 오늘은 혹시나 내가 그랬던 적은 없는지 한번 자성해보는 시간을 가졌으면 합니다.

♣ 해리가 샐리를 만났을 때 ·······················

🌑 학습목표

○　1. 스크루볼 코미디란?
　　2. 액트 II : 중간점·밀착점 I ·밀착점 II ·구성점 II 살펴보기

🎬 **오프닝 타이틀** ●●● 러닝타임 44분-47분 부근

깜찍한 이미지로 한 때 한국 사회에서 귀여움의 대명사였던 맥 라이언, 61년생으로 81년 〈여인의 계단〉으로 데뷔했으며 87년 〈탑건〉에서 조연을 맡았고, 89년 〈해리가 샐리를 만났을 때〉로 스타덤에 올랐습니다. 이후 〈시애틀의 잠 못 이루는 밤〉등 로맨틱 코미디류로 우리에게 친숙해집니다.

1️⃣ 작품분석

♪🎵 줄거리

시카고 대학을 졸업하고 카풀로 뉴욕으로 향하는 해리와 샐리. 짧은 여행 기간에도 둘은 서로 다른 성격 때문에 티격태격 합니다. 뉴욕에 도착하자마자 헤어지는 두 사람, 하지만 인연인지 5년을 주기로 만나게 됩니다.

이어지는 두 번째 만남에서 둘은 실연의 아픔을 갖고 있어 쉽게 친구가 됩니다. 그리고 친구로 시작해서 서서히 연인으로 발전하게 됩니다. 하지만 너무나 다른 두 사람은 서로를 인정하고 결혼할 수 있을까요?

♪🎵 스크루볼 코미디

남녀 사이에 절대로 친구는 될 수 없다고 생각하는 프리 섹스주의자 해리, 남녀 사이에 친구는 가능하다고 생각하는 새침데기 샐리. 둘은 시

종일간 수많은 대화를 쏟아냅니다. 이처럼 등장인물들 간에 쉴 새 없는 대화를 주고받으면서 관객에게 재미를 주는 영화를 '스크루볼 코미디[27]'라 합니다.

2 패러다임

액트Ⅱ 부분을 위주로 분석해 보도록 하겠습니다. 액트Ⅱ는 전체 패러다임 구조상 30분에서 90분까지의 분량입니다. 물론 상영시간 120분 영화를 전제로 말입니다. 해당 영화는 러닝타임이 96분이며 액트Ⅱ는 34분에서 73분까지라고 추정됩니다.

액트Ⅱ는 밀착점Ⅰ, 중간점, 밀착점Ⅱ, 구성점Ⅱ를 포함하고 있습니다. 하나하나 살펴보겠습니다.

♪♬ 액트 Ⅱ

친구가 되기로 한 해리와 샐리는 서서히 가까워집니다. 그런데 서로는 자신들도 모르게 사랑의 감정이 싹틉니다. 액트Ⅱ는 이 둘의 관계가 친구에서 연인으로 발전하는 과정을 포괄하고 있습니다.

♪♬ 중간점

크리스마스를 주기로 영화의 액트Ⅱ 전반부와 후반부가 뚜렷하게 갈라집니다. 또한 전체 영화를 놓고 봤을 때도 정확하게 중간 지점에 속합니다.

전반부가 친구가 되어 서로에 대해 알아가는 과정이라면 후반부는 연인이 되어가는 과정입니다.

---

27) 1930년대의 전형적인 희극 유형이며 말 주고받기로 성적인 암시를 하거나 불합리한 상황의 설정 등이 특징이다. http://terms.naver.com/entry.nhn?docId=57002

해당 부분 감상 ••• 러닝타임 47분-48분 부근

분명한 계기가 있습니다. 바로 오프닝 씬에서 보았던 그 장면입니다. 그 장면을 계기로 연결된 크리스마스 스케치로 액트Ⅱ는 전, 후반부로 구분됩니다. 그리고 둘은 묘한 감정을 느끼게 됩니다.

해당 부분 감상 ••• 러닝타임 48분-50분 부근

♪♫ 밀착점 Ⅰ

밀착점Ⅰ은 이야기가 중간점으로 가도록 밀착시켜주는 역할을 하는 지점입니다. 밀착점Ⅰ은 크리스마스를 같이 보낼 정도로 두 사람의 우정이 깊어지는 단면을 보여주는 씬이 놓여야 할 것 같습니다. 그러면서도 우정외의 감정이 있을 수도 있다는 암시도 주면서 말이죠.

해당 부분 감상 ••• 러닝타임 40분-41분 부근

♪♫ 밀착점 Ⅱ

밀착점Ⅱ는 이야기가 구성점Ⅱ로 가도록 밀착시켜주는 역할을 하는 지점입니다. 중간점 부근에서 해리와 샐리는 묘한 감정을 느끼지만 친구 사이를 유지하기 위해 멀리하려고 노력합니다. 하지만 끌리는 감정이야 어찌하겠습니까? 그런 단면들이 나타난 지점이 밀착점Ⅱ가 됩니다. 각자의 애인과 함께 만난 친구들과의 모임 자리에서 애정표현을 하는 상대방에게 눈길이 갑니다.

해당 부분 감상 ••• 러닝타임 64분-66분 부근

♪♫ **구성점 Ⅱ**

구성점Ⅱ는 대립인 이야기를 해결로 전환시켜주는 부분으로서 인물의 구체적 행동, 대사, 씬, 시퀀스 등이 될 수 있습니다.

해당 영화에서 구성점Ⅱ는 무엇일까요? 그건 아마도 해리와 샐리가 함께 사랑을 나누는 지점이 아닐까요? 애인이 되기를 서로 겁내하던 두 사람이 사랑을 나누었으니 이제 이 둘은 친구 사이로 지낼 수 없게 됩니다. 둘이 사랑을 나누게 된 것을 기점으로 이야기는 대립에서 해결로 전환됩니다.

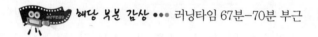 **해당 부분 감상** ●●● 러닝타임 67분-70분 부근

3 정리

해리와 샐리처럼 혹시 친구와 연인 사이에서 고민한 적 있으신가요? 때로는 해리처럼 뒤늦은 고백도 필요한 것 같습니다. 용기 있는 자가 미인을 얻고, 늦었다고 생각할 때가 때론 절묘한 타이밍이기 때문입니다.

♣ Mr. 히치: 당신을 위한 데이트 코치 ·················

◗ 학습목표

- 1. 스포일러란?
- 2. 메인플롯과 서브플롯 알기

오프닝 타이틀 ••• 러닝타임 0분–2분 부근

극중 주인공의 내레이션은 우리를 쉽게 영화의 세계로 인도해 주며 때로는 등장인물의 내면을 알 수 있게 합니다. 이 간단한 도입부 시퀀스의 일부를 통해 우리는 히치가 무슨 일을 하는 지 단번에 알게 됩니다. 그리고 이어지는 다음 장면을 통해 히치가 어떻게 그 일을 하는지도 소개 됩니다.

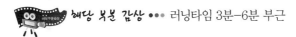 **해당 부분 감상** ••• 러닝타임 3분–6분 부근

물론 모든 영화가 주인공의 직업에 대해 도입부에 이렇게 자세하게 설명해주는 것은 아닙니다. '데이트 코치'라는 주인공의 생소한 직업이 영화의 스토리 전개상 큰 비중을 차지하기 때문입니다.

① 작품분석

♪♫ 줄거리

잘나가는 데이트 코치인 히치는 사라를 보고 호감을 느낍니다. 하지만 유능한 스캔들 전문 기자인 사라는 만만한 상대가 아닌데요. 연애프로인 히치와 그녀가 팽팽한 긴장감속에서 서로 밀당[28]을 하게 됩니다.

---

28) '밀고 당기기'의 은어

이러한 둘의 연애 이야기는 히치가 데이트 코치를 해주는 알버트의 사랑 이야기와 긴밀한 연결 관계를 맺으며 영화를 극적으로 재밌게 만듭니다.

♪♫ 캐릭터 분석

① 히치 – 연애에 있어서 서툴거나, 상대를 사랑하지만 그것을 표현하기엔 부족한 연예초보자를 돕는 일을 직업으로 하는 데이트 코치입니다.

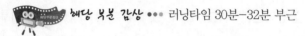 **해당 부분 감상 •••** 러닝타임 30분–32분 부근

멋지지 않습니까? 이 먼슨의 의뢰 거절은 나중에 복선 구실을 합니다. '스포일러'가 되지 않기 위해 자세한 사항은 직접 영화로 확인해 주시구요. 스포일러가 뭐냐고요? 스포일러란 쉽게 말해 영화의 중요 포인트를 미리 말해 작품의 재미를 반감시키는 행위를 하는 사람을 말합니다.

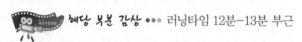 **해당 부분 감상 •••** 러닝타임 12분–13분 부근

많은 남자들에게 둘러싸여 있는 아름다운 여인을 히치는 보기 좋게 빼냅니다. 프로다운 그의 실력이 돋보입니다. 하지만 아무리 프로라도 타고날 때부터 그런 것은 아닙니다. 과거로 돌아가서 그의 모습을 보겠습니다.

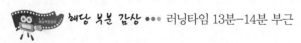 **해당 부분 감상 •••** 러닝타임 13분–14분 부근

빠른 화이트 인/아웃을 사용한 해당 회상 시퀀스를 보면서 히치 역시 첫사랑의 아픔이 있다는 것을 알 수 있습니다.

② 사라 – 사라는 스캔들 전문 기자로 일 중독자입니다. 일과 관련해 바람피우는 남자를 많이 본 그녀는 사랑을 믿지 못하거나 관심이 없는 것 같습니다.

 해당 부분 감상 ●●● 러닝타임 25분–27분 부근

도시의 전경 스케치에서 해당 카페의 모습을 훑어준 후 히치에게 화면이 들어갑니다. 에피소드가 바뀌거나 시간경과로 인해 장소가 변하게 될 때 사용하는 전형적인 장면 전환 방식 중에 하나입니다. 보신 것처럼 히치가 사라를 발견하고 작업에 들어가려는 순간입니다. 하지만 이때 한 남자가 선수를 칩니다. 사라는 친절하지만 단호한 입장 표명을 합니다. 그러나 이 남자 포기할 줄 모르는데요. 이쯤 되면 히치가 개입하겠죠?

 해당 부분 감상 ●●● 러닝타임 27분–29분 부근

선수인 그도 이번에는 순순히 물러나네요. 다행히 그녀의 이름은 직접 듣습니다.

③ 알버트와 알레그라 – 알버트는 히치가 데이트 코치를 해주고 있는 사람입니다. 그는 알레그라를 사랑합니다. 극중에서 알레그라는 막 애인과 헤어진 상태입니다. 알버트에게 알레그라는 정말 어려운 상대인데요. 도와주는 히치조차 만만치 않습니다.

 해당 부분 감상 ●●● 러닝타임 23분–25분 부근

해당 장면은 알버트가 히치의 조언대로 투자회의에서 알레그라의 편을 들다 도망쳐 나온 씬 다음 부분입니다. 힘들었지만 조언이 성공한 것 같습니다. 알레그라의 전화번호를 얻었으니까요. 알버트의

상태를 보니 웃음이 절로 나오지 않습니까? 이런 요소들이 해당 영화의 중요한 흥행 포인트입니다.

② 패러다임

이번 영화를 통해서는 패러다임의 메인 플롯과 서브플롯에 대해 말씀드리겠습니다. 일단 용어 설명을 드리자면, 스토리는 잘 아실 겁니다. 말 그대로 이야기죠. 플롯은 해당 스토리를 어떻게 배치하느냐는 문제입니다.

예를 들어 똑같은 스토리라도 어떤 사람이 이야기하면 재미있고, 어떤 사람이 이야기하면 재미가 없는 경우가 있습니다. 말을 재밌게 하는 사람의 이야기를 들어보면 그만의 이야기 방식이 있는 것 같습니다. 뺄 건 빼고, 집어넣을 건 집어넣고, 앞뒤의 순서도 바꾸고, 이야기의 진행을 지연시켜 사람들의 호기심을 더 유발하기도 합니다.

패러다임은 극적 구조라고 설명 드린 적이 있습니다. 그러한 구조에 해당하는 말이 플롯이라고 생각하면 됩니다. 그런데 패러다임은 하나의 플롯으로만 이루어진 것은 아닙니다. 크게 메인 플롯과 여러 개의 서브 플롯들이 서로 촘촘하게 때로는 느슨하게 연결되어 있습니다.

〈Mr. 히치: 당신을 위한 데이트 코치〉에서는 두 개의 플롯이 긴밀하게 연결되어 있습니다. 당연히 메인 플롯은 히치와 사라의 사랑 이야기이고, 서브플롯은 알버트와 알레그라의 사랑이야기입니다.

각각의 플롯은 패러다임 구조를 갖습니다. 예를 들어 메인 플롯의 구성점 I 이 히치의 낭만적인 데이트 신청과 사라의 승낙이라면, 서브플롯의 구성점 I 은 알버트가 알레그라의 관심을 끄는데 성공해 전화번호를 받아낸 지점이라고 볼 수 있습니다.

또한 알버트가 사랑하는 알레그라의 애인이 바람을 피우는 장면을 찍어 기사화 한 것도 사라이며, 알버트는 그 기사를 보고 알레그라가 애인과 헤어진 사실을 알고 데이트 코치인 히치에게 도움을 청합니다. 그리고 유명인사인 알레그라의 새 남자 알버트의 취재를 위해 뒤를 캐보니 히치가 연관되어 있다는 것을 발견한 사라는, 직장상사 부부와 같이 어시장에서 히치와 저녁을 먹습니다. 이 미팅으로 인해 히치와 사라는 친해지고, 둘은 사라의 집에서 하룻밤을 머뭅니다.

이처럼 좋은 패러다임 구조는 메인 플롯과 서브플롯이 촘촘하게 연결되어 있어 극적으로 관객이 몰입할 수 있도록 돕습니다.

3 정리

〈Mr. 히치: 당신을 위한 데이트 코치〉는 사랑하는 사람에게 자연스럽게 접근하는 많은 방식을 제시해 줍니다. 하지만 누군가를 사랑함에 있어 가장 중요한 것은 솔직함과 진실이라고 말하고 싶은데요. 물론 솔직함과 진실을 무기로 사랑하는 사람을 쟁취하기에는 너무나도 길이 험난해 보이기도 합니다. 알버트의 사랑은 우리에게 그 예를 잘 보여주고 있습니다.

그러나 히치가 데이트 코치의 역할이 '세 번의 데이트와 첫 키스'까지만이라고 언급한 이유와 프로인 그 조차도 사랑 앞에서 차 위에 올라타는 모습을 보면서, 정말 중요한 것은 연애 초반 사랑의 기술 보다 그 이후의 솔직함과 진실함이 아닐까 하는 생각이 듭니다. 사랑하는 이성의 마음을 사로잡는 기간보다 그 사랑하는 사람과 함께 살아갈 나날들이 훨씬 더 많으니까요.

♣ 노팅힐 ·······································

🔴 학습목표

○ 1. 액트III 살펴보기
2. 작은 구성점에 대해 알아보기
3. 조연들이 주는 작품의 재미에 대해 느껴보기

🎬 **오프닝 타이틀** ●●● 러닝타임 0분-2분 부근

여러분이 만약 당대 최고의 여배우와 사랑에 빠지게 된다면 어떻겠습니까? 그런 꿈같은 일이 일어날 수 있냐고요? 그런 일은 '왕자와 거지'같은 동화 속에서나 가능한 일이라고요? 물론 흔한 일은 아니지만 우리가 살펴볼 영화 〈노팅힐〉은 그 전제에서 시작됩니다. '자신이 우연히 만나 사랑하게 된 여자가 1500백만 달러의 개런티를 받는 세계적인 허리우드 스타라면?' 이라는 가정에서 이 영화는 출발합니다.

1️⃣ 작품분석

♪♫ 관람 포인트

실제 탑 배우인 줄리아 로버츠가 극 중 허리우드 탑 스타인 안나 스콧 역을 맡아 자신의 실제 삶과 크게 다르지 않은 연기를 보여주고 있습니다. 자그마한 여행 서점을 운영하고 있는 윌리엄 데커역으로는 〈러브 액츄얼리〉에서 수상 역을 맡은 바 있는 휴 그랜트가 출연합니다.

무엇보다 조연들의 역할이 눈여겨 볼만 합니다. 모든 로맨틱 코미디에서 조연들이 나름대로 역할을 갖고 있지만 해당 작품에서는 유난히 돋보입니다. 극중 재미는 물론 주인공의 사랑이 이루어지도록 발 벗고 나

서기도 하죠. 재밌고 개성 있는 조연들을 눈 여겨 보는 것도 영화를 보는 또 하나의 재미입니다.

♪♬ 캐릭터 분석

① 윌리엄 데커 – 타인을 배려하는 순수하고 착한 성격을 지니고 있습니다. 결혼도 했었지만 아내가 다른 남자와 달아나 현재는 혼자입니다. 스파이크라는 괴짜 친구와 동거하고 있습니다. 데커는 우리 주변에서 쉽게 볼 수 있는 지극히 평범한 인물입니다.

② 안나 스콧 – 자신만을 사랑해 줄 진정한 사랑을 기다리는 안나 스콧은 현재 잘나가는 허리우드 톱스타입니다. 평범한 여자처럼 살고 싶은 그녀는 톱스타이기 때문에 항상 사람들과 기자들에게 치여 삽니다.

자기 자신에 대해서 솔직한 편이지만 직업이 직업인지라 때론 자신의 본심을 이야기 하지 못할 때가 많은 것 같습니다. 그녀의 불행은 일부 몰지각한 사람들에게는 재밌는 술안주 꺼리니까요.

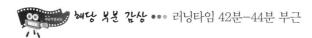 해당 부분 감상 ●●● 러닝타임 42분–44분 부근

2 패러다임

이번 작품에서는 해결 부분인 액트Ⅲ에 대해 살펴보겠습니다. 우연히 만난 데커와 안나는 남몰래 사랑을 키우지만, 허리우드 톱스타와 범인의 사랑은 순조롭지 않습니다. 둘은 우여곡절 끝에 다시 만나지만, 데커와 같이 사는 친구 스파이크의 말실수 때문에 기자들이 몰려들고 이를 오해한 안나는 심한 말을 하고 또 다시 데커를 떠납니다. 이 부분이 구성점Ⅱ로 추정됩니다.

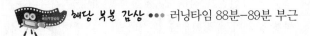**해당 보본 감상** ●●● 러닝타임 85분-87분 부근

그리고 영화는 다음 시퀀스를 기점으로 액트Ⅲ으로 넘어갑니다. 액트Ⅲ가 해결이라는 극적 정황으로 이루어져 있으며 대략 90분에서 120분까지의 분량이라는 것은 기억나시죠? 과연 데커는 이 난관을 어떻게 극복하고 안나와 사랑을 이루게 될까요? 사실 데커는 안나의 핸드폰 번호조차 모릅니다. 막연하게 기다릴 수밖에 없습니다. 액트Ⅱ와 액트Ⅲ의 구분 지점인 해당 시퀀스는 그의 이러한 기다림을 영화적으로 잘 표현하고 있습니다.

해당 보본 감상 ●●● 러닝타임 88분-89분 부근

시장을 가로질러 출근하는 데커의 모습을 통해 사계절의 변화를 한번에 보여주는 이 장면은 그의 쓸쓸한 기다림의 세월을 하나의 시퀀스에 고스란히 담아냅니다. 〈사랑의 블랙홀〉에서 보인 컷 연결을 활용한 시간 변화와는 다른 느낌입니다.

그렇게 세월이 흐르고 안나가 영국에 왔다는 소식을 들은 데커는 마지막 용기를 내어 촬영장에 그녀를 찾아갑니다. 하지만 오해를 하게 되고 촬영장을 떠납니다. 이 부분은 액트Ⅲ의 작은 구성점 I 입니다. 더구나 자신을 찾아온 안나의 고백조차 거절하구요. 액트Ⅲ의 작은 구성점Ⅱ입니다. 하지만 본심이야 그렇겠습니까? 친구들에게 이 사실을 말합니다. 결과는요? 멋진 조연들의 활약이 시작됩니다. 액트Ⅲ의 작은 구성점Ⅲ입니다.

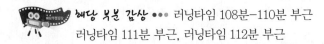**해당 보본 감상** ●●● 러닝타임 108분-110분 부근
러닝타임 111분 부근, 러닝타임 112분 부근

이제 마지막 순간입니다. 가슴을 졸일 수밖에 없는 장면인데요. 로맨틱 코미디라 당연히 그 결과를 알지만 우리는 다시 한 번 영화의 세계로 빠져듭니다.

입가에 환한 미소가 생기지 않습니까? 이처럼 로맨틱 코미디는 우리의 마음을 행복하게 만들어 줍니다. 사랑하는 사람과 손잡고 〈노팅힐〉 감상하시는 거 어떻습니까?

❸ 정 리

오늘은 액트Ⅲ를 살펴봤습니다. 실제로 사랑을 할 때도 주변 사람들의 도움이 절실한 것 같습니다. 특히나 안나와 데커처럼 역경이 많은 연인들 사이에서는요. 오늘은 주변을 한 번 돌아보는 시간이 되었으면 합니다. 나에게는 그런 친구들이 있는지, 나는 친구들에게 그런 사람인지 말입니다.

2) 전체 적용

♣ 러브 액츄얼리 ·····························

○ 1. 패러다임 전체 복습 Ⅰ

🎞 **오프닝 타이틀** ●●● 러닝타임 0분–2분 부근

'영혼을 울리는 이 시대 최고의 러브 스토리!' 우울하거나 슬플 때, 사랑하는 사람과 더 사랑스런 감정을 느끼고 싶을 때, 〈러브 액츄얼리〉를 추천해 드립니다. 온 세상이 사랑으로 가득 차 있다는 사실에 행복해져 있는 자신을 발견할 수 있을 겁니다.

1 작품분석

♪♫ 작품 소개

〈러브 액츄얼리〉는 크리스마스를 앞둔 각기 다른 8가지 에피소드로 이루어져 있습니다.

① 작가와 가정부

애인에게 실연을 당한 작가는 별장에 가서 글을 쓰며 보냅니다. 그런데 별장에서 일하는 가정부를 좋아하게 됩니다. 크리스마스를 보내기 위해 영국으로 돌아온 작가는 자신이 가정부를 사랑한다는 사실을 깨닫게 되고 그녀에게 찾아가 청혼합니다. 그녀는 과연 그의 청혼을 받아들일까요?

② 가수와 매니저의 우정

자신의 과거 히트곡을 리메이크해 가요 차트 1위를 노리던 원로 가수

에게 불가능할 것 같은 기적이 이루어집니다. 정말로 자신의 곡이 차트 1위가 된 것입니다. 그리고 유명인의 크리스마스 초대도 받습니다. 하지만 여기서 그는 고민에 빠집니다. 수 십 년간 그를 뒷바라지 했던 매니저와 크리스마스를 보낼 것인가? 아니면 유명인의 파티에 미녀들에 둘러싸여 보낼 것인가? 그의 선택은 과연 무엇일까요?

③ 콜린의 성공기

영국에서 별 볼일 없는 콜린은 미국으로 가기로 결심합니다. 미국에 가면 자신이 인기가 '짱'일 거라는 착각 속에 친구의 만류에도 불구하고 그는 미국으로 떠납니다. 과연 미국에서 콜린은 환영 받을 수 있을까요?

④ 친구의 여자를 사랑하는 남자

만약 당신이 정말 친한 친구의 와이프를 사랑한다면 어떡하겠습니까? 더구나 친구의 와이프는 당신이 자신을 싫어한다고 생각합니다. 다행히도 잘 숨겨왔는데, 결혼식 웨딩 촬영 본을 보여 달라고 불쑥 찾아온 그녀에게 속마음을 들켜버립니다. 이 남자 과연 어떻게 할까요?

⑤ 영국 수상과 비서

신임 수상은 자신도 모르게 비서에게 반하게 됩니다. 그런데 수상 체면에 어린 비서를 좋아한다는 것은 말이 안 되죠. 하지만 사랑에는 국경도 없다는데 어떻습니까? 노총각인 수상, 그는 자신의 사랑을 표현할 수 있을까요?

⑥ 직장 동료와 사라

2년째 직장 동료를 짝사랑하고 있는 사라, 물론 직장 상사도 이를 알고 고백하라고 조언합니다. 그러나 그녀에게는 남모를 고민이 있으니 시도 때도 없이 전화를 거는 정신병원에 입원해 있는 혈육입니다. 그 덕분에 결정적인 찬스를 놓치게 된 사라, 그녀에게 또 한 번의 기회는 오지 않는 걸까요?

⑦ 의붓아버지와 아들

어린 아들을 데리고 결혼한 아내가 죽었습니다. 그래서인지 의붓아들은 뭔가 큰 고민이 있는 것 같습니다. 상실감에 마약을 하는 줄 알고 걱정했는데 들어보니 사랑에 빠졌다고 하네요. 아버지는 적극적으로 아들의 사랑 쟁취를 돕습니다. 돕는 자에게 복이 있는 법! 아버지에게도 뭔가 대단한 크리스마스 선물이 있을 것 같네요.

⑧ 바람피우는 남편

직장 부하 여직원에게 유혹 받는 남편, 그는 부인과 쇼핑간 곳에서 부인 몰래 여직원에게 줄 선물을 사게 되고, 우연히 그 모습을 보게 된 부인은 자신에게 줄 선물로 압니다. 그리고 다가 온 크리스마스. 진실을 알게 된 부인, 남편의 앞날은 어떻게 될까요?

어떻습니까? 많은 에피소드가 녹아있지 않습니까? 이것도 들리는 말에 따르면 한국 개봉에서만 8가지 에피소드이고 원래는 10개의 에피소드라는 소문이 있습니다. 그런데 놀라운 사실은 10개의 에피소드들이 순서 없이 섞여있음에도, 해당 배우들 중 몇몇은 우리에게 그리 많이 알려지지 않은 배우임에도 불구하고, 우리는 놀랍게도 영화의 내용을 이해하는 데 무리가 없다는 것입니다. 그만큼 탄탄한 영국 드라마의 전통이 있기에 가능한 것 같습니다. 참고로 해당 영화를 제작한 '워킹 타이틀[29]'이라는 영화사는 좋은 로맨틱 코미디 영화를 많이 만들었습니다. 다음에 영화 선택하실 때는 제작사를 한번 살펴보세요.

---

29) 관련 기사로는 다음을 참조하시면 됩니다.
　　http://www.newsen.com/news_view.php?uid=2008022800945451003

2 패러다임

8개의 에피소드는 놀랍게도 전부다 시드 필드의 패러다임에 맞게 설계되어있습니다. 우리는 그 중에 다섯 번째 '영국 수상과 비서 나탈리 편'을 살펴보겠습니다. 일단 패러다임에 맞게 해당 에피소드를 분석해 보면 대략적으로[30] 다음과 같습니다[31].

구 분	내 용
오프닝	신임 수상과 나탈리의 만남
시 작	나탈리와 첫 둘만의 대화
구성점Ⅰ	수상의 첫 시도
밀착점Ⅰ	미국 대통령이 치근거림
중간점	나탈리를 다른 부서로 보냄
밀착점Ⅱ	카드를 보는 수상
구성점Ⅱ	나탈리를 찾아가는 수상
결 론	나탈리와 키스하는 수상

화면과 더불어 살펴보겠습니다.

① 오프닝

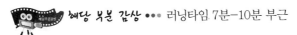 **해당 부분 감상** ••• 러닝타임 7분–10분 부근

시각적인 오프닝 씬입니다. 새로 부임한 수상은 출근 첫날 비서인 나탈리에게 묘한 감정을 느낍니다. 수상이 뒤돌아보면서 흐르기 시작하는 음악은 이런 묘한 감정을 관객이 더 느낄 수 있도록 돕습니다. 또한 대사를 통해 수상이 아직 총각임을 확실히 알 수 있게 해 줍니다. 러브 스토리를 위한 출발을 열어 놓은 셈입니다.

---

30) 정확한 패러다임 전체 복습은 2)전체 적용 두 번째 〈올드보이〉를 권합니다.
31) 상기 패러다임 분석표는 고창환님의 분석을 참조, 부분 수정한 것입니다.

② 시 작

해당 부분 감상 ••• 러닝타임 23분–24분 부근

수상이 나탈리에게 호감 이상의 감정을 갖고 있다는 사실을 분명히 알게 됩니다. 그러나 수상은 조심스럽습니다. 하지만 관객은 이제 둘의 로맨스를 기대하게 됩니다. 서로 좋아한다는 것을 확실히 알게 됐으니까요.

③ 구성점 Ⅰ

해당 부분 감상 ••• 러닝타임 31분–33분 부근

드디어 수상이 나탈리에게 개인적인 말을 겁니다. 특히 수상의 대사 중 '공수 부대' 부분이 웃음을 자아내는 데요. 이런 수상의 마음을 나탈리는 아는지 모르는지 웃으며 나갑니다. 하지만 수상도 원하는 정보는 다 얻은 것 같습니다. 나탈리가 애인과 헤어지고 부모님 집에서 산다는 정보를 얻었으니까요. 이제 본격적인 프러포즈만이 남아있겠죠.

④ 밀착점 Ⅰ

너무 쉽게 수상이 사랑을 얻는 다면 드라마가 없겠죠. 이제 잠깐 동안의 이별을 위한 사건이 들어가야 할 차례입니다. 그 갈등은 놀랍게 미국 대통령이 제시해 줍니다.

해당 부분 감상 ••• 러닝타임 41분–44분 부근

미국과 불리한 외교 협상을 통해 기분이 좋지 않았던 수상은, 서류를 챙기러 잠시 자리를 비웠다 돌아오는데 황당한 광경을 목격합니다. 이에 그는 기자 회견장에서 양국 간의 관계에 대해 예상했던 것과는 다른 기자회견을 갖습니다.

영화기행 수업노트

⑤ 중간점

액트Ⅱ 전반부를 후반부로 전환시키는 중간점은 여기서는 수상이 나탈리를 다른 부서로 전출시키는 장면에 해당됩니다.

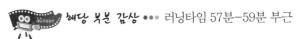 *해당 부분 감상* ••• 러닝타임 57분–59분 부근

두 사람은 이제 본격적인 사랑을 하기도 전에 끝나버린 것처럼 보입니다. 해당 중간점은 밀착점Ⅰ이 있기에 가능하겠죠. 이처럼 밀착점Ⅰ은 이야기가 중간점으로 가도록 밀착시키는 역할을 합니다.

⑥ 밀착점 Ⅱ

당연히 로맨틱 코미디이므로 구성점Ⅱ에서 둘이 다시 만날 운명인 것은 분명하니 두 사람을 만나게 해주는 계기가 있어야 합니다. 그것이 밀착점Ⅱ가 되겠지요. 해당 부분 보겠습니다.

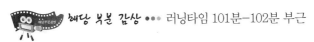 *해당 부분 감상* ••• 러닝타임 101분–102분 부근

나탈리가 보낸 카드에 쓰여 있는 '당신의 나탈리', 그는 로맨틱 코미디의 법칙대로 달리기 시작합니다.

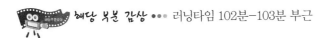 *해당 부분 감상* ••• 러닝타임 102분–103분 부근

⑦ 구성점 Ⅱ

이제 두 사람은 다시 만납니다. 다만 관객이 조바심을 느끼도록 그녀를 만나러 가는 수상을 약간 헤매게 만듭니다. 극적인 재미를 더해주면서요. 해당 부분 보겠습니다.

 *해당 부분 감상* ••• 러닝타임 103분–106분 부근

2장 · 영화분석

⑧ 결 론

그리고 수상과 나탈리는 행복한 결말을 맞게 됩니다.

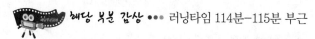 **해당 부본 감상** ●●● 러닝타임 114분–115분 부근

8개의 에피소드 중 하나를 택해 살펴봤더니 행복해지는 자신이 느껴지지 않으십니까? 〈러브 액츄얼리〉는 사람을 행복하게 만드는 영화입니다.

▣ 정 리

8가지 서로 다른 사랑을 보면서, 우리는 한 가지 공통점을 얻을 수 있습니다. 그것은 용기 있는 자만이 사랑을 쟁취할 수 있다는 사실입니다. 내가 사랑하는 사람이 내가 사랑한다는 것을 알게 해서 내 자신에게 최소한의 기회는 줘야 하는 것 아닐까요? 애인이 없는 사람은 맘에 드는 사람에게, 사랑하는 사람에게 용기를 내어 고백해 보고, 애인이 이미 있으신 분이나 결혼하신 분은 애인에게, 배우자에게 사랑 한다고 다시 한 번 고백해 보는 것 어떻습니까? 아니면 부모님께라도 말입니다. 무척이나 좋아하실 겁니다.

♣ 올드보이 ∙∙∙∙∙∙∙∙∙∙∙∙∙∙∙∙∙∙∙∙∙∙∙∙∙∙∙∙∙∙∙∙∙

◖ 학습목표

○ 1. 패러다임 전체 복습Ⅱ
   2. 몽타주에 대한 이해

🎞 **오프닝 타이틀** ●●● 러닝타임 3분-6분 부근

2004년 칸 영화제 심사위원 대상을 수상한 〈올드보이〉를 기억하십니까? 한국이 낳은 세계적 감독 박찬욱의 작품으로 러닝타임이 120분입니다. 그리고 놀라울 정도로 시드 필드의 패러다임에 잘 들어맞는 작품이기도 합니다. 지금부터 〈올드보이〉를 중심으로 패러다임을 살펴보도록 하겠습니다.

1️⃣ 작품분석

공중전화에서 전화를 걸다 납치된 남자, 깨어나 보니 어떤 방입니다. 그 방에서 이 남자 이유도 모른 채 15년 동안 감금당했다 풀려납니다. 그런데 그를 가둔 15년은 진정한 복수를 위해 필요한 물리적 시간이었습니다. 도대체 왜, 어떤 사람이 그에게 이러는 걸까요?

2️⃣ 패러다임

① 시각적 오프닝

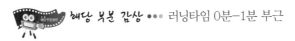 🎬 **해당 부분 감상** ●●● 러닝타임 0분-1분 부근

영화의 처음 씬입니다. 관객에게 영화에 대한 강한 호기심을 유발시킵니다. 그런 의미에서 성공한 오프닝 씬이라 보여집니다.

② 액트 Ⅰ

설정이라는 극적 정황으로 이루어진 초반 30분으로 구성점 Ⅰ을 포함하고 있습니다. 액트 Ⅰ에서 우리는 오대수의 성격, 가족 관계를 도입부 파출소 점프 컷 시퀀스를 통해 단번에 알게 됩니다. 그리고 액트 Ⅱ의 주요 조력자인 주환도 소개됩니다.

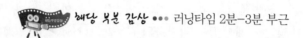 해당 부분 감상 ••• 러닝타임 2분-3분 부근

액트 Ⅰ의 주요 무대는 납치당한 후 오대수가 갇혀 지내는 방입니다. 15년간의 감금 생활은 액트 Ⅱ의 대립을 위한 명확한 설정입니다. 그리고 변해가는 오대수의 모습은 몇 개의 작은 구성점을 활용해 잘 표현되어 있습니다. 아내의 죽음과 젓가락의 발견 등이 그런 작은 구성점에 속합니다. 특히 갇혀 지낸 15년 중에, 6년부터 15년까지 9년은 '몽타주'와 분할 화면으로 박진감 있게 제시되고 있습니다. 단 3분 43초간의 러닝 타임으로 말입니다.

몽타주에 대한 설명이 필요하겠네요. 몽타주란 편집과 비슷한 말로 이해하시면 됩니다. 단 편집(Editing)이 잘라서 부친다는 미국식 표현이라면 몽타주는 쇼트 하나와 쇼트 하나가 결합될 때 그 이상의 의미를 갖는다는 정반합의 요소가 강한 편집의 불어식 표현입니다. 해당 장면을 보면 일반적인 고전적 편집과는 다른 느낌을 받을 수 있을 겁니다.

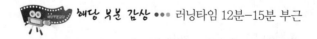 해당 부분 감상 ••• 러닝타임 12분-15분 부근

③ 구성점 I

25분에서 27분 사이에 있으며 설정인 이야기를 낚아채서 대립으로 전환시키는 일, 에피소드, 사건, 인물의 구체적 행동, 대사 등등 그 무엇이라도 구성점 I이 될 수 있다고 했습니다. 구성점 I을 살펴보도록 하겠습니다.

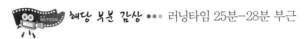 해당 부분 감상 ●●● 러닝타임 25분–28분 부근

15년간의 감금은 끝이 아니었습니다. 이제 본격적인 대립이 시작됩니다. 학교 끝났으니 숙제를 할 시간이 된 것입니다. 해당 씬의 중요한 설정인 최면에 대해서 박찬욱 감독은 재 언급해줍니다. 영화를 전체 감상하면 무슨 말인지 이해하기 편할 겁니다. 이 씬은 또한 오대수가 미도의 집에 자연스럽게 머물 수 있게 해주는 씬입니다.

④ 액트 II

액트 II는 대립이라는 극적 정황으로 이루어져 있으며 30분에서 90까지의 분량이라고 했습니다. 그리고 중간점과 밀착점 I/II, 구성점 II를 포함하고 있습니다.

오대수는 자신을 가둔 사람을 본격적으로 찾아 나섭니다. 그러나 그는 제 발로 찾아와 이유를 알아내면 죽어주겠다고 합니다. 마침내 자신을 가둔 이유를 알아낸 오대수는 그를 찾아 갑니다.

⑤ 밀착점 I

러닝타임 45분 부근으로 이야기가 중간점으로 가도록 밀착시켜주는 역할을 하는 지점입니다.

청비라는 단서로 중국집을 찾아 헤매던 오대수는 드디어 7.5층을 찾아냅니다. 그리고 7.5층에 잠입, 증거인 오디오 테이프를 갖고 빠져나옵니다. 밀착점I은 7.5층 시퀀스로 볼 수 있습니다. 왜냐하면 7.5층의 발견과 이우진이 오대수를 가둬달라고 철웅에게 부탁한 오디오 테이프 때문에, 이우진이 직접 오대수를 만나 '거절할 수 없는 제안'을 할 수 밖에 없기 때문입니다.[32]

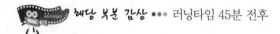 **해당 부분 감상 ●●●** 러닝타임 45분 전후

⑥ 중간점

전체 영화의 중간인 러닝타임 60분 전후에 위치에 있으며 액트II 전반부의 이야기를 액트II 후반부로 전환시킨다고 했습니다. 해당 영화에서 중간점은 56분 전후로 이우진이 오대수에게 거절할 수 없는 제안을 하는 부분입니다. 5일 동안 감금 이유를 알아내면 죽여주겠다는 이우진의 제안을 오대수는 받아들일 수밖에 없습니다. 해당 중간점을 기점으로 이야기는 액트II 전반부-'나를 가둔 사람이 누구냐?(Who)'에서 액트II 후반부-그 이유가 무엇이냐?(Why)로 전환됩니다.

---

32) 해당 증거로 오대수는 자신이 아내를 죽이지 않았음을 입증 할 수 있으며, 이우진의 범죄 행위 또한 증명할 수 있다. 즉 그는 경찰서에 갈 수도 있다.

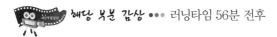
해당 부분 감상 ••• 러닝타임 56분 전후

⑦ 기계적 중간점

기계적 중간점은 액트Ⅱ 전반부와 액트Ⅱ 후반부를 기계적으로 명확히 구분하는 지점이라 했습니다. 120분 기준으로 러닝타임 60분 정도에 있습니다. 영화를 보신 분은 알겠지만 이 중간점이 〈올드보이〉에서는 비교적 잘 지켜집니다. 철웅의 패거리들이 미도의 집에서 물러가고 '이우진이 살고 있는 빌딩 앞' 씬으로 연결되는 60분에서 61분 사이의 지점입니다.

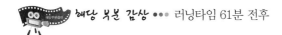
해당 부분 감상 ••• 러닝타임 61분 전후

⑧ 역지점

역지점은 기계적 중간점 직후부터 시작됩니다. 세 가지 중요한 역할을 한다고 말씀드렸습니다. 첫째. 이제까지 이어져오던 갈등과는 다른 양상이 펼쳐지며, 둘째. 주인공이 또 다른 선택을 할 수 있고, 셋째. (이제까지 이어져오던 갈등과는 다른 양상이 펼쳐진다고 생각되지만 사실은) 결론과 연관 지어 가장 큰 사건이 발생하는, 일어나는 지점이라 했습니다.

순서대로 살펴보면 첫째. 복수로 점철되던 이야기는 기계적 중간점 직후부터 사랑을 노래하기 시작합니다. 오대수와 미도는 섹스를 하게 되고 오대수는 감금 방에서 보낸 세월이 고맙게 느껴집니다. 둘째. 도청기를 제거한 오대수는 미도와 떠날 수 있습니다. 이우진은 둘을 찾지 못하게 됩니다. 셋째. 앞의 상황들이 이전까지와는 다른 양상임에는 분명하지만 결론과 연관 지어 가장 큰 사건인 '근친상간'이 이때 일어납니다. 즉 역지점으로 말미암아 오대수는 결론 부분에서 '복수하려다 오히려 복수당하게' 됩니다.

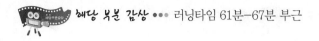

⑨ 변환지점

역지점의 끝에 존재하며 밀착점Ⅱ 전에 놓인다고 했습니다. 기계적 중간점 직후 시작된 역지점을 통해 표면상 이완된 갈등은 변환지점을 거치면서 다시 원래의 대립 상황으로 환원됩니다. 또한 해당 대립 상황의 갈등은 증폭되며 이야기는 이제 결론을 향해 치닫습니다.

오대수가 어디에 있는지 알 수 없게 된 이우진은 주환의 PC방에서 우발적으로 주환을 죽이고 그 책임을 도청기를 제거한 오대수에게 전가합니다. 이에 오대수는 이우진을 갈기갈기 찢어 죽여 버리겠다며 분노하며 이야기는 이제 원래의 대립 상황으로 더 증폭되어 환원됩니다.

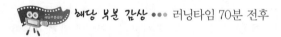

⑩ 밀착점 Ⅱ

러닝 타임 75분 부근으로 이야기가 구성점Ⅱ로 가도록 밀착시켜주는 역할을 하는 지점입니다.

'감금 이유'를 알기 위해 오대수는 동분서주합니다. 그리고 75분 부근의 '물레방아 미용실'에서 오대수는 결정적인 힌트를 얻습니다.

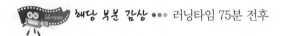

⑧ 구성점 Ⅱ

85분과 90분 사이에 있으며 대립인 이야기를 낚아채서 해결로 전환시키는 일, 에피소드, 사건, 인물의 구체적 행동, 대사 등등 그 무엇이라도 구성점Ⅱ가 될 수 있다고 했습니다.

동분서주하던 오대수는 드디어 '감금 이유'를 알아냅니다. 이제 그는 이우진을 찾아가느냐, 아니면 도망가느냐 결정해야 합니다. 그의 선택은 무엇일까요?

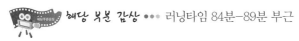 **해당 부분 감상** ●●● 러닝타임 84분–89분 부근

그는 이우진을 찾아갑니다. 이제 영화는 결말을 향해 치닫습니다.

⑨ 액트 Ⅲ

해결이라는 극적 정황으로 이루어져 있으며 90분에서 120분까지의 분량이라고 했습니다. 이우진을 찾아간 오대수는 복수하려다 복수를 당합니다. 자세한 사항은 직접 영화를 보면 알게 될 것입니다.

❸ 정리

〈올드보이〉는 사랑하는 사람을 잃은 이우진과 아내를 잃고 딸을 입양 보내야 했던 오대수간의 복수극입니다. 그리고 오대수는 복수의 과정에서 새롭게 사랑하게 된 여자, 미도까지 잃을 수밖에 없는 상황에 처하게 됩니다. 사랑이란 무엇일까요? 시간되면 원작인 일본만화 '올드보이'를 보라고 권하고 싶네요. 가까운 만화방에 대부분 비치되어 있을 겁니다. 원작과 비교해 보는 것도 또 다른 감상의 재미니까요.

2. 고전적 편집체계 적용

♣ 달콤 살벌한 연인 ·····························

● 학습목표

○ 1. 장면 분석을 통한 180도 법칙 숙지.
  2. 어깨 걸어 쇼트와 셋업의 개념을 파악할 수 있다.

🎞 **오프닝 타이틀** ●●● 예고편 감상

사랑하는 사람과의 연애는 우리가 흔히 생각하는 것처럼 달콤하기만 할까요? 서로에 대해 잘 알기도 전에 너무나 쉽게 헤어지는 요즘 세태는 사랑이란 것이 달콤해야 함을 단적으로 보여주기는 합니다. 물론 사랑은 처음에는 달콤합니다. 더구나 30대 중반이 되도록 키스 한번 못해 본 남자라면 더 그렇겠죠.

1 작품분석

30살이 넘도록 제대로 된 연애 한번 못 해 본 황대우는 이웃집에 이사 온 이미나라는 여자를 우연히 알게 됩니다. 정말 연애가 하고 싶은 그는 얼떨결에 데이트 신청을 하게 되고, 둘은 연인 사이로 발전합니다. 많은 우여곡절 속에 연애의 단꿈에 빠지게 되는 황대우, 너무 신이 납니다. 하지만 애인인 이미나가 살인자라는 사실을 알게 됩니다. 달콤하다가 살벌해지지 않습니까? 그는 과연 어떡해야 할까요?

♪♫ 캐릭터 설정

황대우의 직업은 대학교 강사입니다. 성격은 다소 소심하지만 집요한 면이 있습니다. 앞에서도 언급했지만 키스 한번 못 해본 연애 초짜입니다. 무엇보다 자신이 연애를 하고 싶지 않다고 주장합니다.

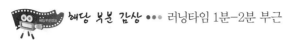 **해당 부분 감상** ●●● 러닝타임 1분–2분 부근

문제는 그러던 그가 이렇게 변했다는데 있습니다.

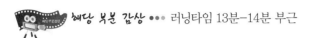 **해당 부분 감상** ●●● 러닝타임 13분–14분 부근

황대우가 사랑하게 되는 이미나는 미술 공부를 위해 이탈리아 유학을 준비 중입니다. 그러나 살벌하려면 다른 무엇이 있어야 하겠죠? 그녀의 본명은 이미자이고 사실은 살인자입니다. 유학이 아니라 도피 준비중이구요. 그것도 전 남편을 살해한 것으로 보입니다. 그러나 살인한 것을 제외하고는 착하고 순수해 보입니다. 단, 문제는 그녀의 살인이 현재 진행형이라는 거죠. 어떻습니까? 설정 자체가 재미있을 것 같지 않습니까?

2 장면분석

 **해당 부분 감상** ●●● 러닝타임 70분–72분 부근 야산

우리가 같이 분석해 볼 장면은 최강희가 연기한 이미나가 계동을 우발적으로 죽인 후, 장미와 함께 산에 계동의 시체를 암매장하는 장면입니다. 상당히 심각한 부분임에도 불구하고 해당 장면은 코믹하기까지 하는데, 바로 이러한 코믹적인 요소가 한국 영화의 힘입니다. 일단 흥행하려면 재미는 간과할 수 없는 요소니까요.

그럼 해당 장면을 고전적 편집 체계에 대입하면서 한 쇼트씩 설명해 드리겠습니다. 두 인물이 대화할 때 가장 기본이 되는 법칙이 두드러지게 사용되었는데요. 180도 법칙입니다. 간략하게 다시 정리하자면 두 인물 간에 가상 선을 그어 카메라가 그 가상 선을 넘지 않는다는 법칙이죠. 그리고 행위의 일치도 보입니다. 행위의 일치란 인물의 행동에 관객이 집중해 있을 때 다른 쇼트를 연결시키는 법칙이죠. 그런데 행위의 일치는 사실 찾아내기가 무척 어렵습니다.

그럼, 살펴보겠습니다.

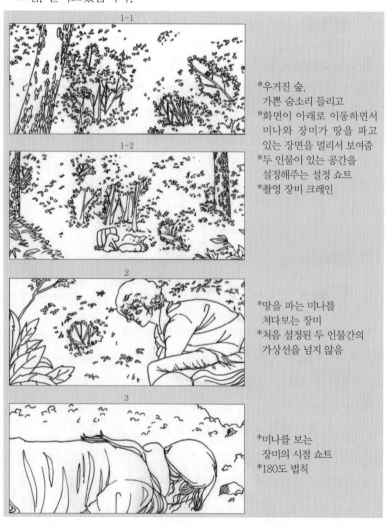

1-1

1-2

*우거진 숲.
 가쁜 숨소리 들리고
*화면이 아래로 이동하면서
 미나와 장미가 땅을 파고
 있는 장면을 멀리서 보여줌
*두 인물이 있는 공간을
 설정해주는 설정 쇼트
*촬영 장비 크레인

2

*땅을 파는 미나를
 쳐다보는 장미
*처음 설정된 두 인물간의
 가상선을 넘지 않음

3

*미나를 보는
 장미의 시점 쇼트
*180도 법칙

4

*화면 뒤로 빠져
 두 인물의 풀 쇼트
*할 말이 있다는 장미
*180도 법칙

5

*무엇인가 물어봐도
 되냐는 장미
*바스트 쇼트
*180도 법칙

6-1

*장미의 말을 듣고
 장미를 쳐다보는 미나
*카메라 아래에서 위로 이동,
 틸트 업
*반대로 위에서 아래로
 이동하는 것을
 틸트 다운이라고 함

6-2

7

*자신을 묻을 거냐고
 질문하는 장미
*미나의 어깨가 오른편에 살
 짝 걸림. 이런 컷을 오버 더
 숄더, 한국말로 어깨 걸어
 쇼트라 함

8
*반말을 하던 장미가 미나에
 게 언니라고 하자 왜 언니냐
 며 되묻는 미나
*장미의 어깨를 걸고 찍은
 오버 더 숄더 쇼트

9
*자신이 언니라고 부르기
 싫어 두 살 올렸다고
 이실직고하는 장미

10
*그 말을 들은 미나의 반응
 과 죄송하다는 장미
*바스트 쇼트

11
*자신이 싸가지 없다고
 이야기 하는 장미
*9, 11 쇼트는 화면사이즈가
 비슷한 것으로 봐서 한 번에
 찍고 편집할 때 짤라 붙인
 것임

12
*왜 자신이 물을 거라고
 생각하냐고 묻는 미나
*오버 더 숄드 쇼트

13

*땅을 계속 파서 그렇다고
 걱정하는 장미

14

*오늘 묻은 장미의 남자친구
 는 어제 더 깊게 팠다는 미나

15

*죽은 남자친구의 이야기를
 하는 장미
*계속적으로 같은 사이즈로
 상대방의 어깨를 걸고 번갈
 아 가면서 보여줌, 두 사람
 의 대화에서 일반적으로 쓰
 이는 방법

16-1

*다시 땅을 파려는 미나의
 행동을 이용한 컷 연결
 – 행위의 일치
*다시 땅을 파는 미나와
 안심하며 땅을 파는 장미
*풀 쇼트로 잡고 있던 카메
 라, 뒤로 빠지며 처음장면과
 같이 먼 거리에서 두 인물을
 잡음

16-2

다시 한 번 보니 어떻습니까? 고전적 편집체계 중 180도 법칙을 빼먹지 않고 지키고 있습니다. 180도 법칙이 행위의 일치와 같이 쓰이기도 했고요. 고전적 편집 체계는 보통 2-3개 이상이 같이 쓰이기도 합니다. 해당 장면에서도 어깨 걸어 쇼트가 쓰여서 그렇지 인물을 따로 잡아 줬다면 기본적으로 180도 법칙과 시선의 일치가 같이 쓰인 장면 분석이 될 수 있겠죠. 그리고 비슷한 구도의 컷이 계속 나오지 않았습니까? 그 컷들은 한 번에 몰아서 촬영한 겁니다. 촬영을 할 때 배우의 감정몰입이 필요한 특별한 장면을 제외하고는 이처럼 카메라 위치가 같고 화면 사이즈가 비슷한 쇼트들은 한 번에 촬영합니다. 이를 한 셋업이라고 부르죠. 특히 대화 장면은 그러한 경우가 많습니다. 여기서 7컷부터 15컷까지는 확실히 두 개의 셋업으로 구분할 수 있습니다. 무심코 보았던 영화의 장면들이 사실은 일정한 법칙으로 촬영되었다는 것을 구체적으로 살펴보았습니다.

3 정리

〈달콤 살벌한 연인〉은 HD 카메라로 촬영했으며 순제작비가 대략 10억 정도 밖에 안 들었다고 합니다. 당시 영화 한 편의 순제작비가 30억일 때이니 저예산 영화라 할 수 있죠. 그래서 박용우씨도 1억 정도만 받고 출연했다고 합니다. 1억이면 큰 돈 아니냐고요? 그런데 그 당시 얼굴만 좀 알려지면 영화에 출연도 안한 신인들이 3-4억씩 부르던 시기였답니다. 우리가 알고 있는 잘 나가는 조연들도 2억 이상 받았습니다. 그런 의미에서 박용우씨의 〈달콤 살벌한 연인〉 출연은 찬사 받아야 할 일인 것 같습니다. '주연이 아닌 주역이 되고 싶다[33]'라는 박용우씨 기사가 생각나네요. 이런 배우들이 많아야 한국 영화가 더 잘 되겠죠.

---

33) 다음의 기사를 참조하면 됩니다. http://media.daum.net/entertain/enews/view?cat eid=1034&newsid=20060828100513494&p=poctan

♣ 사랑을 놓치다 ································

학습목표

- 1. 장면분석을 통한 고전적 편집 체계 숙지
- 2. 설정 쇼트 복습, 인서트란?

🎞 **오프닝 타이틀** ●●● 예고편 감상

사랑이란 도대체 무엇 이길래, 우리에게 상처를 주기도 하고 때론 기쁨에 들떠 밤잠을 설치게 하는 걸까요? 우리는 인생을 살아가면서 무수히 많은 것을 보고 느끼고 여러 가지 경험을 통해 수많은 시행착오를 겪습니다. 사랑이란 것도 그 많은 시행착오 속에 존재하는 삶의 의미를 깨달아가는 하나의 과정이 아닐까요?

너무나 가까이 있어 사랑의 소중함을 모를 때가 많지요. 영화 〈사랑을 놓치다〉는 친한 대학 친구들의 이야기에서 시작됩니다. 그래서 이야기는 〈아는 여자〉처럼 한쪽의 짝사랑에서 시작됩니다. 그러나 〈아는 여자〉보다 더 가슴 아플지도 모릅니다. 왜냐하면 조금 더 가까이에서 사랑하는 사람이 다른 사람 때문에 가슴 아파하는 것을 보아야하기 때문입니다. 사랑하는 사람이 무엇을 좋아하는지, 무엇 때문에 우는지, 무엇을 원하는지 잘 알지만 전혀 내색할 수 없는 현실이, 자신의 용기 없음이 어쩌면 더 슬플지도 모르겠습니다. 하지만 우리들 대부분은 사실 그런 사랑을 한 적이 있습니다.

 **해당 부분 감상** ●●● 러닝타임 3분−6분 선술집

1 작품분석

대학 단짝 친구인 우재와 연수, 현태. 연수는 우재를 짝사랑합니다. 현태도 그 사실을 알고 있습니다. 하지만 실연당한 우재에게 연수는 아무 말도 하지 못합니다. 우재가 자신을 여자로 보지 않는 것을 잘 알기 때문입니다. 그리고 우재는 바로 군대에 가버립니다. 군대에 면회도 가보지만 여전히 우재는 자신을 여자로 대하지 않습니다. 세월이 흐릅니다. 지방 고등학교 코치로 오게 된 우재와 그 근처에서 동물병원을 하고 있던 연수, 둘은 우연히 다시 만납니다. 그리고 예전처럼 친해집니다. 그러다 같이 자게 됩니다.

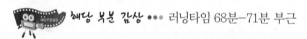해당 부분 감상 ••• 러닝타임 68분–71분 부근

이제 둘의 만남은 기로에 서게 됩니다. 우재와 연수는 과연 어떤 아침을 맞이하게 될까요?

♪♬ 캐릭터 설정

① 우재 – 〈아는 여자〉의 동치성보다 더 한 놈입니다 〈엽기적인 그녀〉의 견우처럼 고생 좀 시켜봐야 할 것 같습니다. 그래야 〈너는 내 운명〉의 석중처럼 사랑의 소중함을 알겠지요. 아니면 〈달콤 살벌한 여인〉의 미나에게 살짝 맡겨 볼까요? 그런데 솔직히 그는 보통 남자입니다. 실연 때문에 술 먹고 주정도 부리고, 이제야 서서히 자신을 사랑하는 한 여자에게 마음이 열리는, 그는 바보 같은 보통 남자입니다.

② 연수 – 속 터지게 하는 예쁜 여자입니다. 〈아는 여자〉의 이연과 비슷한 캐릭터입니다. 〈엽기적인 그녀〉의 엽기녀처럼 실연의 상처가 없는 것이 그나마 위안이지만 차라리 〈달콤 살벌한 여인〉의 황대우

처럼 숙맥과 잘 어울릴 것 같습니다. 하지만 연수야 말로 대한민국의 보통 여자일 가능성이 많습니다.

♪♬ 영화의 매력

우재 역을 연기한 설경구는 〈나도 아내가 있었으면 좋겠다〉 이후 오랜만에 멜로 연기를 선보였습니다. 그동안 보여줬던 선 굵은 연기와 어떻게 다를지가 흥미로운 요소입니다. 송윤아 역시 전작인 공포 영화 〈페이스〉 이후 얼마나 다른 모습을 보일지 기대가 되었습니다.

짧지 않은 세월 동안 서로의 사랑에 있어 소극적이었던 두 남녀의 모습에서 사랑을 해봤던 사람이라면 누구나 한번쯤은 겪어봤음 직한 이야기도 관객에게 공감을 이끌어 내기 좋은 영화였습니다. 게다가 데뷔작 〈마파도〉로 흥행에 성공한 추창민 감독의 차기작이라 기대가 되었던 작품이기도 합니다.

2 장면분석

우재에게 마음의 상처를 받은 연수, 어머니까지 돌아가셔서 고향으로 내려갑니다. 뒤늦게 연수가 자신의 사랑이었다는 사실을 깨달은 우재. 연수의 집에 찾아가보지만 그녀는 없습니다. 연수의 고향 집을 찾아와 사랑을 고백 하려던 우재, 적절한 시기가 아닌 것 같습니다. 돌아가는 시외버스터미널. 우재, 연수에게 말을 걸지만 역시 서툽니다[34].

 해당 부분 감상 ●●● 러닝타임 111분–114분 부근 버스정류장

고전적 편집체계를 잘 생각하면서 살펴보도록 하겠습니다.

---

34) 여기서 정확히 해야 할 말은 "뭐 하나만 물어보자"가 아닌 "사랑해!"랍니다. 덧붙이자면 "미안해, 용서해 줘! 사랑해!"이고요.

1

*버스정류장
*앉아 있는 연수와 우재
*롱 쇼트
*설정쇼트

2

*투 쇼트
*우재에게 맞춰진 초점

3

*우재를 쳐다보는 연수
*연수에게 맞춰진 초점
*포커스 인/아웃을 통해 집중
 해줄 대상을 선택할 수 있음

4

*미안한 감정과
 자책이 묻어나는 우재
*조심스럽게 연수에게
 고백하려는 우재

5

*연수가 그동안 우재에게
 느꼈던 실망과 상처가
 잘 나타나는 장면

6

*다시 조심스럽게
  연수의 이름을 부르는 우재

7

*단호한 연수
*비중이 같기 때문에
  같은 화면 구성

8

*그녀의 태도에 자조 섞인
  웃음을 짓는 우재
*상대방과 단절된 느낌을
  주기 위한 단독 쇼트

9

*서둘러 자리를 피하려는 연수
*전 컷 우재와 같은 사이즈로
  우재에 대한 실망감을 보여줌

10

*자리에서 일어나는 연수와
  우재의 후회 섞인 눈빛
*프레임 아웃
*가까워지는 버스 소리

11

*버스 서는 장면
*전 쇼트의 버스 소리로 인해
 자연스럽게 버스 인식
*설정쇼트

12

*우재의 후회 섞인
 대사와 표정
*클로즈 업

13

*자신이 가져온 어머니
 선물을 건네는 우재
*두 단계 건너 미디엄 쇼트
 이상으로 두 인물 잡음

14

*연수를 바라보는 우재

15

*우재를 보고 웃으라는 연수
*전 컷과 동일한 사이즈로
 대칭적인 느낌

16

*애써 웃어보는 우재
*잔잔한 음악 시작

17

*우재의 시선을 받으며 그를
 바라보는 연수, 같이 웃는다.
*시선의 일치

18

*연수의 손을 잡아주는
 우재의 손
*타이트한 인서트 개념으로
 넣었기에 180도 법칙 어긋나
 도 튀지 않음

19

*연수를 애틋하게
 바라보는 우재

20

*연수의 손을
 놓으려는 우재의 손
*타이트한 인서트 개념으로
 넣었기에 180도 법칙
 어긋나도 튀지 않음

21
*버스를 타러가는 우재
*연수에게 맞춰진 포커스로
 남아있는 그녀 감정 유추

22
*버스 문이 닫히고
 출발하는 버스
*카메라는 버스 안으로 들어
 와 멀어지는 그녀의 모습을
 담아냄

23
*홀로 남은 연수의
 쓸쓸한 뒷모습
*180도 선을 넘은 것처럼
 보이지만 충분히 해당 공간
 을 관객이 인지하므로 상관
 없음

 해당 부분 감상 ●●● 러닝타임 111분-114분 부근 버스정류장

3 정리

　사랑의 잔잔함이 느껴지는 영화였습니다. 이번에는 인서트란 새로운
개념에 대해 배웠습니다. 인서트란 위의 장면 분석처럼 서로 잡은 두 손
일 경우도 있고 누군가를 바라보는 등장인물의 두 눈, 시계 등 그 무엇
도 될 수 있습니다. 여기서 인서트는 강조하는 의미로 쓰였습니다. 둘의
감정을 나타내고 있지요. 중요한 사실은 이러한 인서트 쇼트는 고전적
편집 체계의 적용을 받지 않는다는 겁니다. 그래서 쇼트와 쇼트 사이가
연결이 되지 않으면 인서트를 삽입시키면 됩니다.

♣ 이프 온리

🎵 학습목표

> 1. 장면 전환과 관련된 편집 기법 숙지
> 2. 고정된 카메라 움직임과 관련된 촬영 기법 소개
> 3. 스테디 캠에 대한 이해

🎬 **오프닝 타이틀** ••• 러닝타임 26-29분 부근

사랑하는 여자와 헤어져야 합니다. 하지만 대부분의 남자들은 바보같이 그 이유를 모릅니다. 무책임하게 '나한테 이러지마. 이렇게 가면 어떡해? 다신 널 볼 수 없단 거잖아!'란 말을 던지죠. 잘못은 전적으로 자신에게 있는데 말입니다 그런데 그 사랑이 눈앞에서 교통사고를 당해 죽습니다!

1 작품분석

사만다와 이안은 서로 사랑합니다. 그런데 이안이 모르는 사이 사만다는 그와 헤어질 결심을 합니다. 사만다는 마지막 기회를 이안에게 줬지만 그는 그 기회를 놓치고, 그녀는 택시를 타고 떠납니다. 그리고 오프닝 동영상처럼 택시를 탄 사만다는 교통사고로 죽게 됩니다. 이안은 절망하지만, 다음날 아침 놀랍게도 어제의 아침을 맞게 됩니다. 똑같은 하루의 반복. 이안은 사만다에게 최고의 하루를 선사하기 위해 최선을 다합니다.

🎵 인물소개

① 이안 - 이안 역은 폴 니콜스가 맡았습니다. 일에만 빠져 사는 인간

입니다. 많은 남성들이 그러하듯이 사랑의 소중함을 모르는 바보입니다. 그에게 '있을 때 잘해!'란 말을 꼭 전해주고 싶은데요. 똑같은 하루의 반복으로 이안은 기회를 얻은 것 같습니다. 그의 건투를 빕니다.

② 사만다 – 사만다 역은 제니퍼 러브 휴이트가 맡았습니다. 그녀는 〈나는 네가 지난 여름에 한 일을 알고 있다〉라는 영화를 통해 국내에서 인지도를 얻은 배우입니다. 〈이프 온리〉에서는 바이올린을 전공하고 졸업 연주회를 눈앞에 두고 있으며, 애교가 넘치고 사랑스런 여자로 그려집니다.

♪♬ **관람포인트**

해당 영화는 멜로드라마의 구조를 기본 틀로 하며 판타지적 요소를 첨가하고 있습니다. 분명한 점은 똑같이 반복되는 하루 동안 일어난 일들은 어떠한 형태로든 다시 일어난다는 사실입니다. 즉, 그녀를 살리려면 누군가는 죽어야 합니다. 이것은 해당 사실을 알게 된 이안에게 선택을 강요하게 만듭니다. 그는 사랑하는 여자를 위해 목숨을 버릴 수 있을까요?

2 장면분석

분석할 장면은 오프닝 시퀀스입니다. 흔히 영화의 오프닝은 그 영화의 전체적인 분위기를 대변해줍니다. 그리고 많은 볼거리를 제공하기 위해 다양한 영화적 기법들이 선보입니다.

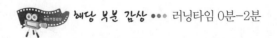 **해당 부분 감상** ••• 러닝타임 0분–2분

1

*하얀 화면에서 다음 장면
 으로 빠르게 도심의 풍경
 을 보여줌. 화이트 인
*cf. 검은 화면에서
 서서히 들어오는 것을
 페이드 인이라고 함

2

*도심의 풍경을 날아가는 한
 마리 새가 바라본 것처럼
 잡아 줌 – 버즈 아이 뷰
*촬영용 헬기 이용

3

*버즈 아이 뷰로 도심의
 모습이 한눈에 보임
*다음 장면으로 전환되기 전
 하얗게 됨. 화이트 아웃
*cf. 검은 화면으로 전환되
 었다면 페이드아웃

4

*하얀 장면에서 장면전환 하
 면서 다음 컷으로 운전자의
 손을 보여줌. 화이트 인

5-1

*옆을 바라보듯이 왼편 창문
 쪽으로 화면 이동
*좌우로 카메라가 이동하는
 것을 팬이라 함

2장·영화분석

5-2

*차장 밖. 지나가는 사람들
*초반부 운전자의 모습을
 보여주는 것은 앞으로 전개
 될 택시 운전자의 판타지적
 인 모습과 연관

6

*바뀐 날씨와
 지나가는 행인들
*겹치면서 넘어가는
 장면 전환 ― 디졸브.

7

*디졸브는 장소가 달라도
 시간이 경과해도 앵글의
 사이즈나 위치 상관없이
 자연스럽게 장면 전환 가능

8-1

*카메라가 서서히 아래쪽으
 로 내려오면서 운전자의 손
 을 잡으며 포커스 인
*위에서 아래로 움직이는 카
 메라 움직임, 틸트다운. 반
 대로 아래서 위는 틸트업

8-2

*포커스 나가는 것, 포커스
 아웃, 포커스가 맞춰지는
 것, 포커스 인.
*틸트 다운과
 포커스 인 / 아웃

영화기행 수업노트
사랑

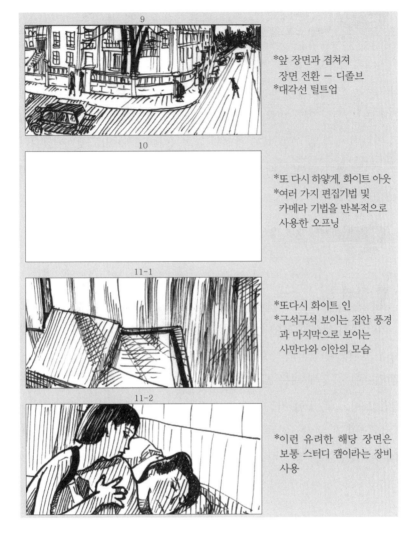

9

*앞 장면과 겹쳐져
 장면 전환 — 디졸브
*대각선 틸트업

10

*또 다시 하얗게, 화이트 아웃
*여러 가지 편집기법 및
 카메라 기법을 반복적으로
 사용한 오프닝

11-1

*또다시 화이트 인
*구석구석 보이는 집안 풍경
 과 마지막으로 보이는
 사만다와 이안의 모습

11-2

*이런 유려한 해당 장면은
 보통 스테디 캠이라는 장비
 사용

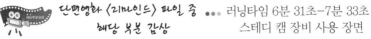

단편영화 〈리마인드〉 파일 중 ●●● 러닝타임 6분 31초-7분 33초
해당 부분 감상   스테디 캠 장비 사용 장면

　스테디 캠으로 유명한 영화로는 스탠리 큐브릭 감독의 공포영화 〈샤
이닝〉을 들 수 있습니다.

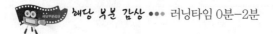 〈샤이닝〉
해당 부분 감상 ••• 러닝타임 49분/2시간12분 전후

스탠리 큐브릭 감독은 거장 중에 거장으로 손꼽히는 감독입니다. 대표작으로는 〈2001 스페이스 오딧세이〉, 〈시계태엽 오렌지〉, 〈닥터 스트레인지 러브〉등이 있으며 유작으로는 여러분이 잘 아시는 톰 크루즈와 니콜 키드먼이 부부 시절 함께 출연한 영화 〈아이즈 와이드 셧〉이 있습니다. 〈이프 온리〉로 돌아와서 해당 장면 다시 한 번 보시면서 음미해 보시길 바랍니다.

해당 부분 감상 ••• 러닝타임 0분-2분

❸ 정리

여러 가지 생소한 용어들이 많이 나왔습니다. 일단 하나하나씩 정리해 보겠습니다. 편집 기법으로 화이트 인/아웃에 대한 설명이 있었습니다. 페이드 인/아웃에 대한 설명도 추가적으로 했습니다. 그리고 디졸브도 말씀 드렸고요. 또한 버즈 아이 뷰와 틸트 업/다운에 대한 설명도 기억나시죠? 카메라 포커스에 따른 포커스 인/아웃도 있었습니다. 마지막으로 스테디 캠은 다른 영화 장면을 예로 들면서 말씀드렸습니다.

♣ 글루미 썬데이 ·····························

▮ 학습목표

○ 1. 오버랩, 트랙 인이란?
    2. 점프컷 느낌을 활용한 장면 전환과
       영화 속 다큐멘터리의 활용 살펴보기

🎞 오프닝 타이틀 ●●● 러닝 타임 맨 마지막 엔딩 타이틀 부분

오프닝 타이틀로 해당 영화의 엔딩 타이틀을 선정한 이유는 〈글루미 썬데이〉 주제가를 끊어짐 없이 들을 수 있어서입니다. 해당 주제가는 본 영화의 모든 것을 우리에게 말없이 들려줍니다. 실화를 바탕으로 한 이 영화 주제가 '글루미 썬데이'는 실제로 수많은 사람들을 자살로 이끌었다고 합니다. 물론 노래 자체가 우울해서 자살한 사례도 있겠지만, 2차 대전 전후의 상황이 사람들을 그렇게 만들었겠죠.

1 작품분석

♪🎵 한 여자와 두 남자의 사랑

때로는 사진 한 장이 모든 것을 보여줄 때도 있습니다[35]. 이 영화 〈글

---

35) 저작권 관계로 해당 그림을 싣습니다.

루미 썬데이〉는 두 남자와 한 여자의 사랑 이야기입니다. 피아노를 치는 안드라스라는 예술가, 식당을 운영하는 자보라는 유태인, 자보와 같이 식당에서 일하는 일로나라는 아름다운 여인이 등장합니다. 남자 둘은 일로나를 사랑하고, 그 둘은 모든 것을 잃어버린 바엔 반쪽만이라도 갖기로 합니다. 상식적으로 이해가 가지 않지만, 실화를 바탕으로 한 이 영화에서는 현실 가능해 보이기도 합니다.

사랑이야기로 시작된 영화는 전쟁으로 인해 비극적 결말을 갖습니다. 피아노를 치던 '글루미 썬데이'의 위대한 작곡가 안드라스는 모욕을 당하자 자살합니다. 식당 주인 자보는 믿었던 독일 장교 한스에게 배신당해 아우슈비츠 수용소로 보내집니다. 다행히도 일로나는 둘 중 한 사람의 아이를 임신한 상태이고, 식당을 경영하며 계속 살아갑니다. 아름다운 사랑을 노래하며 살 수 있었던 세 사람은 전쟁으로 인해 모든 것을 빼앗기게 됩니다.

하지만 한스라는 독일 사람에게 전쟁은 기회였던 것 같습니다. 한스는 전쟁 당시 자신에게 필요한 유태인들을 자보를 통해 구해줍니다. 물론 은혜를 잊지 말라는 말을 꼭 남기면서요.

우리는 여기서 현실이라면 몰랐을 진실에 부딪힙니다. 전쟁 때 1000명이 넘는 유태인을 구한 위대한 독일인. 그러나 그는 사업을 한 것뿐입니다. 1000명이 넘는 사람들에게 받은 뇌물로 전후 사업을 일으켰고 그가 사업이 일으키는 데는 많은 유태인들의 도움이 있었겠지요.

♪♬ 도입부 회상 씬 분석

전체 영화는 회상을 통해 진행됩니다. 영화에서 회상 기법으로는 오버랩이 많이 사용됩니다. 오버랩은 앞의 화면이 서서히 사라지고 겹쳐지는 뒤의 화면이 서서히 나타나며 회상이나 추억으로 넘어가는 편집 기법을 말합니다. 디졸브와 비슷하다고 보면 됩니다.

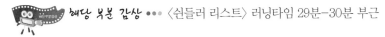

음악 '글루미 썬데이'를 들으며 식사를 하려던 한스는 일로나의 사진을 본 후 갑자기 심장마비를 일으키며 쓰러집니다. 이때 관객의 주의 집중을 위해 화면은 한스에게 천천히 들어갑니다. 이렇게 극 중 인물에게 화면이 들어가는 방식은 여러 가지가 있는데, 보통 '트랙 인'이라는 촬영 기법이 많이 쓰입니다. '트랙 인'은 촬영장 바닥에 레일을 깔고 그 레일에 따라 움직일 수 있는 이동차를 설치한 후 그 위에 카메라를 놓고 이동차를 해당 촬영 대상으로 다가가면서 찍는 촬영기법입니다. 영화를 보다보면 '트랙 인'된 화면을 쉽게 볼 수 있습니다.

심장마비로 한스가 쓰러지자 식당의 지배인인 것처럼 보이는 한 남자가 노래의 저주에 대해 이야기 합니다. 그러면서 화면은 일로나의 사진으로 다가갑니다. 그리고 일로나의 사진과 과거의 모습이 자연스럽게 오버랩 되며 영화는 관객을 회상으로 인도합니다.

♪♬ 점프컷 느낌을 활용한 시간의 경과 표현하기

한 때 영화를 전공하는 사람들 사이에서 고다르의 '점프컷'은 전공과 비전공을 구분하는 용어였습니다. 하지만 이제는 공중파 방송의 아침 드라마에 나올 정도로 누구에게나 익숙해진 편집 기법입니다. 점프컷은 시간의 경과를 오버랩을 통해 나타내지 않고 바로 해당 쇼트를 붙이는 방법으로 사용될 수 있습니다. 대표적인 예가 〈쉰들러 리스트〉에서 주인공 쉰들러가 비서를 채용하기 위해 면접을 보는 장면입니다.

해당 복분 감상 ••• 〈쉰들러 리스트〉 러닝타임 29분–30분 부근

스티븐 스필버그 감독의 〈쉰들러 리스트〉는 2차 대전 당시, 수많은 유태인을 구한 쉰들러라는 사업가의 이야기입니다. 휴먼 스토리에 관심

있는 분은 꼭 보라고 권하고 싶습니다. 이러한 점프컷의 느낌을 활용해 〈글루미 썬데이〉에서는 시간의 경과를 자연스럽게 보여줍니다.

 **해당 부분 감상** ••• 러닝타임 6분~7분 부근

어떻습니까? 영화적 재미야 〈쉰들러 리스트〉 쪽이 더 하겠지만, 훨씬 자연스럽게 시간의 경과를 보여줍니다. 피아노를 연주하는 음악가를 먼저 화면에 잡아주고, 그 연주를 듣는 자보와 일루나에게 연결되며, 다시 피아노로 화면이 돌아갈 때는 다른 연주가가 피아노를 연주하는 형식으로 깔끔하게 표현하고 있습니다.

이때 처음 잡은 쇼트를 기준으로 구별하기 편하게 다음 쇼트를 '리버스 쇼트', 다시 해당 쇼트로 돌아가는 것을 '컷 어웨이'라고도 한답니다. 쇼트, 리버스 쇼트, 컷 어웨이의 방식을 활용해 시간의 경과를 표현함으로서 관객들은 직접적인 점프 컷 보다 훨씬 자연스럽게 영화에 몰입할 수 있게 됩니다.

♪♬ 영화 속 다큐멘터리의 활용

다큐멘터리는 영화의 탄생과 더불어 시작되었습니다. 초기의 영화들은 열차가 도착하는 모습이나 공장 노동자들이 퇴근하는 모습을 그냥 말 그대로 찍은 것에 불과합니다. 당시로서는 엄청나게 센세이션 했습니다. 파리의 한 카페에서 열차의 도착을 1896년 무렵 상영했을 때 영화를 보던 사람들 중 몇몇은 열차가 자신들에게 돌진하는 줄 알고 뛰쳐나왔다는 풍문도 있습니다. 영상 문화에 익숙해진 우리들에게는 어림없는 이야기죠.

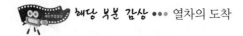 **해당 부분 감상** ••• 열차의 도착

영화의 시작은 탄생부터 다큐멘터리적 요소를 포함하고 있었고, 현실을 그대로 재현해내는 영화의 복사 능력은 초창기 관객들에게 큰 어필을 했습니다. 지금도 그러한 전통은 분명히 남아있습니다. 실화를 바탕으로 한 영화들은 종종 그 사실성을 극대화하기 위해 실제 다큐멘터리 화면을 사용하거나, 해당 장면을 다큐멘터리적으로 촬영해 보여줍니다. 〈글루미 썬데이〉도 예외는 아닙니다.

 해당 부분 감상 ●●● 러닝타임 55분–56분 부근

스틸 사진으로 보여 진 '글루미 썬데이'의 작곡가 안드라스의 사진만 확실히 선명합니다. 본 분들은 알겠지만, 실제 다큐멘터리 화면과 재현화면에, 극 중 안드라스 역을 맡은 배우 사진을 끼어 넣은 것 같습니다. 실제 다큐멘터리 화면처럼 재현화면과 사진에 CG로 스크래치를 줬더라면 좋았을 텐데요.

❸ 정리

해당 영화를 보면서 전쟁에 대해 다시 한 번 생각해보게 되었습니다. 전쟁! 우리 민족에게 더 이상 있을 수도, 있어서도 안 되는 일입니다. 동족상잔의 비극은 남침으로 시작된 6.25로 족합니다. 세상은 사랑하고 살기에도 너무나 벅차니까요.

♣ 내겐 너무 가벼운 그녀 ·····················

● 학습목표

> ○ 1. '화장실 유머' 란?
> 2. 로우 앵글, 하이 앵글, 아이 레벨이란 무엇이며
>   이러한 앵글이 주는 느낌은 어떠한지 살펴보기
> 3. 프레임 인, 저속 촬영에 대해 알아보기

🎞 **오프닝 타이틀** ●●● 러닝타임 45-46분 부근

여러분도 저런 외모의 여자 친구가 있으면 정말 좋겠지요. 저 정도 미모의 여자와 함께 데이트를 즐긴다면 상상만 해도 행복해 지는데요. 근데 영화 속 등장하는 아름다운 그녀가 조금은 이상합니다. 그녀의 실제 모습은 어떻게 생겼을까요? 그건 작품을 분석하면서 차츰 알아보겠습니다.

1 작품분석

♪♬ 줄거리

자신의 여자 친구는 얼 짱에, 몸 짱이어야 한다는 할은 우연한 기회에 심리 상담사 로빈스와 엘리베이티에 갇히게 됩니다. 그 안에서 로빈스에게 상담을 받은 그는 이상형인 여자 로즈마리를 만나게 되고요. 할과 로즈마리는 친해지고 교제하게 됩니다. 그런데 좀 이상합니다. 로즈마리와 식당에 가면 그녀가 앉는 의자마다 박살이 납니다. 그녀의 속옷은 낙하산 크기입니다.

사실 로즈마리의 실제 모습은 뚱뚱하고 못생긴, 할이 경멸하는 스타일입니다. 할의 눈에만 미녀로 보이는 것이죠. 그런 그를 지켜보던 할의 친구는 상담사 로빈스를 찾아가 그를 원래대로 되돌려 달라고 부탁하

고, 로빈스는 그 방법을 친구에게 가르쳐 줍니다. 최면이 풀린 할은 혼란을 겪게 되고 외모와 내면의 아름다움 사이에서 갈등을 하게 됩니다. 과연 그는 어떤 선택을 하게 될까요?

♪♬ 캐릭터 설정

① 할 – 할 역할을 맡은 잭 블랙은 〈스쿨 오브 락〉이라는 영화로 국내 팬들에게 널리 알려져 있습니다. '원제가 'Shallow Hal'인데요. 원제처럼 '천박한, 얄팍한' 성격의 소유자입니다. 지나치게 외모로만 여성을 판단하는 외모 지상주의자입니다.

② 로즈마리 – 로즈마리는 자신의 외모에 대한 콤플렉스가 있습니다. 그래서 조금은 위축되어 보이고 자신감도 없어 보입니다. 하지만 할과 사랑에 빠지면서 차츰 당당해지는 그녀의 모습을 볼 수 있습니다. 그녀는 진정으로 다른 사람을 배려할 줄 아는 내면이 아름다운 여성입니다. 이 작품에 출연한 기네스 펠트로는 영화 속에 등장하는 건장한 체구의 로즈마리까지 1인 2역을 했는데요. 분장을 하는데 만 4시간이 걸렸다고 합니다.

♪♬ 매력 포인트

이 영화는 〈킹핀〉, 〈덤 앤 더머〉, 〈메리에겐 뭔가 특별한 것이 있다〉 등 우리나라 관객에게 친숙한 작품을 많이 연출한 패럴리 형제의 작품입니다. 몸 짱, 얼 짱 광풍이 이미 충분히 퍼져있는 한국 사회에도 시사하는 바가 큰 작품입니다. 패럴리 형제의 전작들에서 보여 지는 짓궂은 '화장실 유머'는 조금 덜한 감이 있지만 좀 더 사회적인 메시지와 그들만의 풍자 정신이 잘 살아있는 영화입니다. '화장실 유머'에 대해서는 영화 〈메리에겐 뭔가 특별한 것이 있다〉의 다음 장면을 보면 이해가 빠를 겁니다.

해당 부분 감상 ●●● 러닝타임 12분–16분 부근

테드는 오랫동안 짝사랑했던 메리로부터 졸업파티에 파트너로 가자는 제안을 받습니다. 너무나 기쁜 테드, 하지만 그에게 불의의 사고가 일어나고 온 동네 사람들의 구경거리가 됩니다.

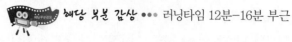 **해당 부분 감상** ●●● 위 영화. 러닝타임 17분–18분 부근

이 정도면 '화장실 유머'가 뭔지 다 알 것 같습니다. 그럼 〈내겐 너무 가벼운 그녀〉로 돌아가겠습니다.

2 장면분석

 해당 부분 감상 ●●● 러닝타임 11분–13분

할은 멈춰선 엘리베이터 안에서 심리 상담사인 로빈스와 갇히게 됩니다. 할과 대화를 하던 로빈스는 여성관에 문제 있는 할에게 최면을 겁니다. 이 최면 때문에 할은 로즈마리를 사랑하게 됩니다. 해당 장면은 할이 로빈스와 우연히 만나 엘리베이터를 타게 되고 엘리베이터가 멈춰 서기까지의 쇼트 분석입니다. 아직 최면을 걸기 전이죠.

앙각(로우 앵글)과 부감(하이 앵글), 아이 레벨에 대해 설명하기 위해 해당 부분을 선택했습니다.

*시간의 경과와 앞으로 있을 씬에 대한 장소를 설명해주는 인서트 컷
*아래에서 위로 로우 앵글(앙각)로 찍어 거대하게 보이는 고층건물

*엘리베이터 앞에
서 있는 상담사
*화면 안으로 들어오는 할,
화면 밖에서 안으로 들어오
는 것 – 프레임 인

*엘리베이터를 탄 두 남자
*미디엄 쇼트, 투 쇼트
*수평으로 두 사람을 잡아
준 화면, 아이레벨

*로빈스의 어깨가 걸려 할의
웃고 있는 모습을 잡아 준
오버 더 숄더 쇼트
*하이앵글(부감)

*반대로 할이 살짝 걸리면서
로빈스를 잡아줌
*로우앵글(앙각)

*하이앵글(부감)은 대상을
외소하게 보이게 함
*할이 외소하게 보이는 것을
3컷과 비교해보면 명확히
알 수 있음

7

*로우앵글(앙각)은 대상을
커보이게 함
*부감과 앙각을 교차해서
보여줌으로써 두 인물간의
보이지 않는 심리관계를 잘
나타냄

8

*갑자기 멈춘 엘리베이터, 당
황하는 할을 진정시켜주는
로빈스
*미디엄 쇼트
*상반된 두 인물을 보여줌

9

*당황해하며 안절부절 못
하는 할을 부감으로 잡아
줌으로써 상대적으로 더
외소해보임

10

*시간의 경과를 알려주는 인
서트 컷, 시계 바늘이 빨리
돌아가는 것을 볼 수 있음
*우리 눈으로 보는 것 보다
빠르게 보이게끔 촬영하는
방식, 저속촬영

 해당 부분 감상 ••• 러닝타임 11분~13분

영화기행 수업노트

3 정리

〈내겐 너무 가벼운 그녀〉는 외모 지상주의가 만연해 있는 요즘 세태에 내면의 아름다움이 더 중요하다는 진실을 우리에게 피력하고 있습니다. 하지만 화려한 외모에 시선을 뺏기는 것도 어쩔 수 없는 본능입니다. 그래서 무엇보다 중요한 것이 '후회 없는' 스스로의 선택이라고 봅니다. 당신은 어떤 선택을 하시겠습니까?

♣ 겁나는 여친의 완벽한 비밀 ⋯⋯⋯⋯⋯⋯⋯⋯

● 학습목표

○ 1. 교차편집이란?
   2. 크레인, CG의 사용 살펴보기
   3. 쇼트의 지속 시간과 효과음의 사용이
      미치는 영향에 대해 알아보기

오프닝 타이틀 ••• 러닝타임 65-66분

헤어진 애인에게 스토킹을 당한 경험이 있습니까? 사람 사이의 관계는 만날 때보다 헤어질 때가 더 중요한 것 같습니다. 특히 남녀 사이의 관계라면 더욱 더요. 한 때 죽도록 사랑했던 사이가 헤어져 원수가 된 경우를 종종 볼 수도 있는데요. 왜 그토록 사랑했던 사이가 그렇게 되었는지 도무지 알 수 없지만, 그러기에 사랑이란 말로 설명할 수 없는 부분들이 많은 것이 아닐까라는 생각이 듭니다.

1 작품분석

남자가 소매치기 당한 여자를 도와주다 둘은 교제하게 됩니다. 서로 호감을 느꼈지만, 여자에 대해 좀 더 알게 되자 남자는 그녀를 좋아하지 않는다는 사실을 깨닫게 됩니다. 그리고 다른 여자를 좋아하게 됩니다. 전 애인이 된 그녀, 그에게 복수를 시작합니다. 그런데 문제는 그녀가 평범한 사람이 아니라는데 있습니다. 그녀는 G-걸이라 불리는 슈퍼 걸이었습니다. 이 남자 이제 뒷감당을 어떻게 해야 할까요?

♪♬ 캐릭터분석

① 제니(일명 G-걸) – 그녀는 항상 위험에 빠진 타인들을 돕습니다. 하지만 그녀는 고독한 영웅입니다. 왜냐하면 그녀도 누군가에게 사랑받고 싶은 평범한 여자이기 때문입니다. 그런데 그녀를 위해 누군가 정의의 사자가 되어 줍니다. 그녀는 난생 처음 남자에게 도움을 받게 되고 그에게 끌립니다.

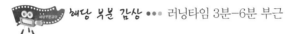 해당 부분 감상 ●●● 러닝타임 3분-6분 부근

② 맷 – 끝내주는 여자를 만났다고 생각했습니다. G-걸이라는 사실을 알고서도 좋아 했습니다. 그런데 갈수록 감당이 되지 않습니다. 자신하고 맞지 않은 여자인 것 같습니다. 뭔가 잘못 생각하고 있었던 거죠. 더구나 직장 동료인 한나가 자신이 바라던 여성인 것 같습니다. 용기를 내서 G-걸에게 이야기 합니다. 그러나 처참한 복수가 이어집니다. 이제 그녀가 두렵기까지 합니다.

♪♬ 매력 포인트

우리가 익히 봐왔던 초인들의 모습은 원더우먼을 제외하고는 대부분 남성의 전유물이었습니다. 하지만 이 영화에서는 여성이 강력한 힘을 발휘하는 슈퍼 히로인으로 등장합니다. 그러면서 기존의 영화들과는 차별화를 두고 있습니다. 여성의 성격과 히로인의 모습을 결부하여 남성 우월 중심의 풍토를 풍자하는 듯 보입니다.

이러한 영화 속 캐릭터의 변화된 모습은 현재 우리 사회에서 여성의 위상이 그만큼 높아졌다는 것을 말해 줍니다. 남성에게 종속되어 좌지우지 됐던 이전 고전적 여성의 모습에서 탈피한 변화된 여성상을 잘 반영한 것 같습니다. 물론 해당 작품에서 우리가 재미를 느끼는 요소는 다른데 있습니다.

 **해당 부분 감상** ••• 러닝타임 42분~45분 부근

사랑은 사람을 변화시킵니다. 이 평범한 삶의 진리는 슈퍼맨도, 배트맨도, 스파이더맨도, G-걸도 마찬가지인 것 같습니다. 이러한 초인들의 인간적 면모는 우리에게 가장 큰 매력으로 다가옵니다. 추억의 한 장면 보시겠습니다. 〈슈퍼맨1〉 뒷부분으로 사랑하는 여인이 죽자, 슈퍼맨이 금기사항을 어기고 시간을 거꾸로 돌리는 장면입니다.

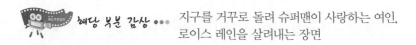 **해당 부분 감상** ••• 지구를 거꾸로 돌려 슈퍼맨이 사랑하는 여인, 로이스 레인을 살려내는 장면

2 장면분석

이번에 분석할 장면은 오프닝 시퀀스입니다. 오프닝 시퀀스는 등장인물의 소개나 작품의 분위기를 함축적으로 보여주는 경우가 많습니다. 그래서 자주 분석됩니다.

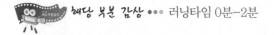 **해당 부분 감상** ••• 러닝타임 0분~2분

이번에는 기존의 장면 분식에 배경 음악, 효과음, 빠른 쇼트 편집 등을 눈여겨보셨으면 합니다.

*어두운 화면에서 서서히 보이는 횃불을 든 자유의 여신상, 페이드인
*경쾌한 음악이 컷에 선행하여 미리 흐름

2

*뉴욕의 높은 고층 건물을
 버즈 아이 뷰로 찍음

3

*화면이 겹치는 디졸브

4

*또 다시 디졸브

5-1

*크레인 – 카메라를 시소같
 이 생긴 장비 위에 올려놓고
 그 위를 촬영감독이 타고 뒤
 쪽에서 움직여 조작하는 촬
 영 장비
*1–5까지 디졸브로 연결되면
 서 경쾌하고 환상적인 배경
 음악

5-2

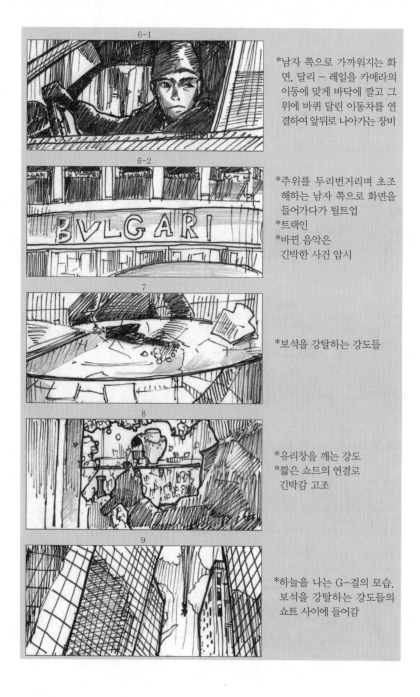

6-1

*남자 쪽으로 가까워지는 화면, 달리 – 레일을 카메라의 이동에 맞게 바닥에 깔고 그 위에 바퀴 달린 이동차를 연결하여 앞뒤로 나아가는 장비

6-2

*주위를 두리번거리며 초조해하는 남자 쪽으로 화면을 들어가다가 틸트업
*트랙인
*바뀐 음악은 긴박한 사건 암시

7

*보석을 강탈하는 강도들

8

*유리창을 깨는 강도
*짧은 쇼트의 연결로 긴박감 고조

9

*하늘을 나는 G–걸의 모습. 보석을 강탈하는 강도들의 쇼트 사이에 들어감

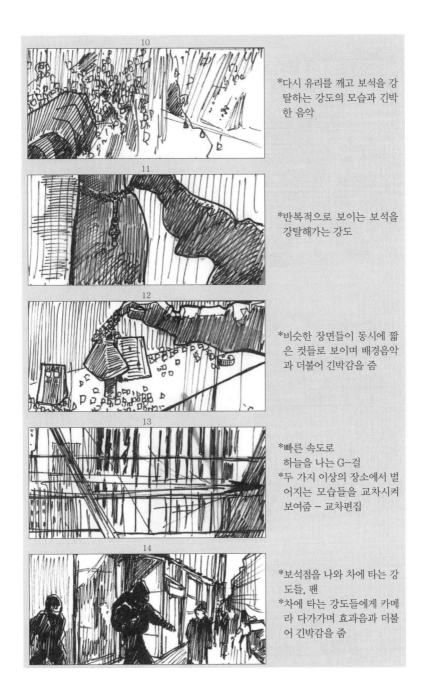

10

*다시 유리를 깨고 보석을 강
 탈하는 강도의 모습과 긴박
 한 음악

11

*반복적으로 보이는 보석을
 강탈해가는 강도

12

*비슷한 장면들이 동시에 짧
 은 컷들로 보이며 배경음악
 과 더불어 긴박감을 줌

13

*빠른 속도로
 하늘을 나는 G-걸
*두 가지 이상의 장소에서 벌
 어지는 모습들을 교차시켜
 보여줌 - 교차편집

14

*보석점을 나와 차에 타는 강
 도들, 팬
*차에 타는 강도들에게 카메
 라 다가가며 효과음과 더불
 어 긴박감을 줌

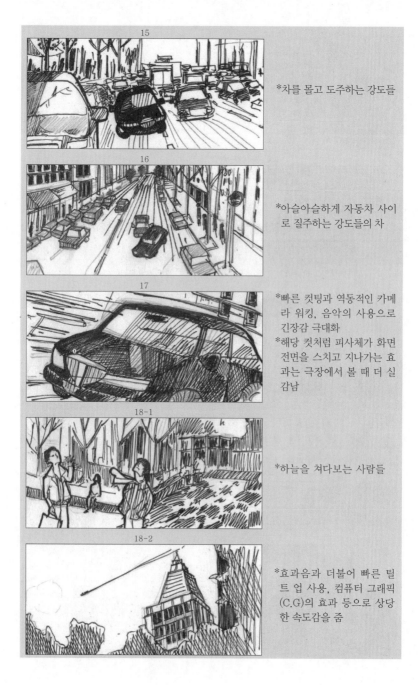

15

*차를 몰고 도주하는 강도들

16

*아슬아슬하게 자동차 사이로 질주하는 강도들의 차

17

*빠른 컷팅과 역동적인 카메라 워킹, 음악의 사용으로 긴장감 극대화
*해당 컷처럼 피사체가 화면 전면을 스치고 지나가는 효과는 극장에서 볼 때 더 실감남

18-1

*하늘을 쳐다보는 사람들

18-2

*효과음과 더불어 빠른 틸트 업 사용, 컴퓨터 그래픽(C.G)의 효과 등으로 상당한 속도감을 줌

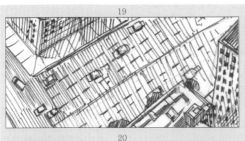

19

*도주 중의 강도들의 차
*G-걸 시점 쇼트
*G-걸의 눈 안에 강도들의
  차가 보이자 배경음악 경쾌
  하게 변함

20

*범행 성공을 축하하는
  강도들
*배경음악 줄어들고
  대사가 들림
*대사는 특별한 경우를
  제외하고 우선되는 사운드

21

*뒷좌석에 탄 강도들의
  빠른 팬

22

*드르륵되는 사운드와 더불어
  차 창밖의 비쳐진 모습을 통
  해 차가 들리는 것을 보여줌
*낮게 깔리던 배경음악은
  다시 커짐

23

*자동차를 들고 날아가는
  G-걸의 늠름한 모습
*경쾌한 배경음악

*화면을 스치는 느낌이 효과
음과 더불어 실감나게 쓰임

슈퍼 히로인이 주인공인 해당 영화는 액션 씬이나 특수효과를 사용한 장면이 많습니다. 그래서 쇼트 전환도 일반적인 멜로 영화보다 빠른 편입니다. 쇼트의 길이도 때에 따라서 음악의 사용과 더불어 긴박감을 줄수 있다는 것, 기억해 두시기 바랍니다.

 해당 부분 감상 ●●● 러닝타임 0분~2분

물론 쇼트 사이즈와 짧은 지속 시간, 효과음의 사용은 공포영화에서 더 두드러집니다. 공포영화 한 장면 보겠습니다.

 해당 부분 감상 ●●● 〈여고괴담〉 이미연이 분한 허은영이 최강희가
분한 윤재이에게 쫓기는 학교 복도 씬

3 정리

사랑은 시작하는 것보다 정리할 때가 더 어려운 것 같습니다. 더구나 소유욕이 강한 사람은 더욱 더요. 해피엔딩으로 끝나는 이 영화는 〈슈퍼맨〉과 비교해 보았을 때 약간의 거리감이 느껴지기도 합니다. 하지만 서로 맞는 짝을 쿨하게 선택하는 변화된 이성관은 요즘 세태의 적절한 반영이라고도 보여집니다.

♣ 사랑의 블랙홀 ·

◗ 학습목표

○ 1. 프레임 등/퇴장 법칙이란?
　 2. 소품을 활용한 컷[36] 연결 배우기
　 3. 시공간의 변화를 보여주는 다양한 컷 연결 살펴보기

🎞 오프닝 타이틀 ••• 러닝타임 112분-114분 부근

　인생에서 가장 행복한 순간 중에 하나가 사랑하는 사람의 자는 모습을 지그시 바라보는 순간 아닐까요? 그 사랑이 비극으로 끝난다면 가슴 찢어지는 경험이 될 수도 있지만, 분명 사랑이 우리 인생을 변화시키는 소중한 경험임에는 틀림없습니다. 지금 소개할 영화 〈사랑의 블랙홀〉도 시니컬한 한 남자가 하루가 반복되는 저주에 걸려 사랑을 깨닫게 되면서 변화되는 이야기입니다.

1 작품분석

♪♬ 캐릭터 설정

① 필코너 – 배우, 코미디언, 작가 등 다양한 직업을 갖고 있는 빌 머레이가 필 코너 역을 맡았습니다. 이기적인 성격인 필 코너는 시니컬하고 자신만 생각하는 인간입니다. 하지만 반복되는 하루를 겪으면서 변화하는데요. 빌 머레이는 코미디언 출신답게 익살스럽고 능청맞게 필 코너 역을 잘 소화하고 있습니다.

---

36) 컷은 '한 번의 연속 촬영으로 찍은 장면을 이르는 말. 장면으로 순화(출처http://krdic.
daum.net/dickr/contents.do?offset=A038869600&query1=A038869600#A03886
9600)의 뜻이지만 여기서는 '쇼트'의 개념으로 쓰였다. 실제로 장면 분석을 할 때 두 개념
은 혼재되어 쓰이기도 한다.

② 리타 – 〈섹스 거짓말 그리고 비디오테이프〉로 평단에 알려졌으며 〈그린카드〉, 〈네 번의 결혼식과 한 번의 장례식〉 등 작품성 있는 영화에 출연했습니다. 서서히 변해가는 필의 모습을 보고 그와 사랑에 빠지는 역할을 무리 없이 소화하고 있습니다. 물론 리타에겐 반복되지 않는 단 한 번의 하루입니다.

♪♬ 줄거리

기상 캐스터가 직업인 필은 펑츄토니에서 열리는 성촉절 촬영을 갑니다. 성촉절은 우리나라로 치면 경칩으로 봄의 시작을 알리는 축제입니다. 매년 그곳에 가서 취재하는 게 불만이었던 그는 촬영을 대충 끝내고 돌아가려고 하는데 뜻밖의 폭설 때문에 발이 묶이게 됩니다. 그래서 어쩔 수 없이 하룻밤을 더 머물게 되는데 문제는 깨어난 오늘이 어제라는데 있습니다. 어김없이 침대에서 정해진 라디오 시그널 음을 들으며 반복되는 하루를 맞이하게 됩니다. 그럼 필이 경험하게 되는 일상을 살짝 엿보기로 할까요?

 해당 부분 감상 ••• 러닝타임 59분 부근, 라디오를 부수는 필

하루하루를 매번 성촉절로 맞이하는 필은 때론 반복적인 일상에 일탈을 꿈꾸기도 합니다.

 해당 부분 감상 ••• 러닝타임 32분–34분 부근, 기차로 돌진하는 필

그는 또한 여러 여자를 사귀기도 합니다.

 해당 부분 감상 ••• 러닝타임 38분–40분 부근, 낸시에게 작업 거는 필

평소에 호감 가던 프로듀서 리타에게도 치밀한 계획 하에 작업을 걸어보지만 번번이 퇴짜를 맞네요.

영화기행 수업노트
사랑

해당 부분 감상 ••• 러닝타임 56분-57분 부근, 리타에게 퇴짜 맞는 필

노력해도 안 되는 것은 있나 봅니다. 의기소침해진 필은 반복적인 일상의 지루함에 점점 지쳐갑니다. 끝내 자살을 시도하지만 수많은 자살 시도에도 불구하고 변함없는 하루를 맞습니다.

 해당 부분 감상 ••• 러닝타임 63분-66분 부근, 자살하는 필

그런 필을 변화시키는 두 가지 일이 일어납니다. 오프닝 타이틀로 보신 장면인 리타와의 에피소드와 장면 분석할 시퀀스인 노숙자 할아버지의 죽음입니다. 그는 사랑의 감정과 사람의 소중함을 느끼게 되면서 변화합니다.

 해당 부분 감상 ••• 러닝타임 83분-84분 부근, 사람들을 돕는 필

변화된 필의 모습은 리타에게도 호감을 줍니다. 그리고 둘은 서로 사랑하게 됩니다. 마침내 함께 맞은 첫 번째 아침에서 필이 그토록 간절히 원했던 내일이 찾아옵니다.

 해당 부분 감상 ••• 러닝타임 94분-97분 부근, 필과 리타의 사랑

② 장면분석

하루가 수없이 반복 된다는 설정에서 출발하기 때문에 계속되는 반복 장면이 많습니다. 똑같은 에피소드의 반복이지만 우리에겐 다른 느낌을 줍니다. 반복되는 시간이 필과 동일시된 우리에게는 이어지는 연속된 시간이기 때문이겠죠.

리타에게 사랑의 감정을 느낀 필은 변하기 시작합니다. 시니컬한 성격을 버리고 사람들에게 따뜻하게 대합니다. 해당 에피소드에서 할아버지의 죽음을 계기로 그는 본격적으로 마을 사람들을 돕는 일에 뛰어듭니

다. 반복되는 하루 속에 놓인 비슷한 시간대의 사건을 부연 설명 없이 컷과 컷의 연결로 보여주고 있는 해당 시퀀스는 이 영화에서만 볼 수 있는 특이한 장면 연결 기법을 관객에서 선사합니다.

 해당 부분 감상 ••• 러닝타임 79분–81분 부근

1
*디졸브로 장면전환
*앞 씬에서 이어지던 배경음악이 서서히 사라짐
*노숙자 할아버지를 발견하고 되돌아 옴
*컷 분할 없이 달리를 사용해 한 컷으로 잡아줌

2
*병원에 데리고 온 할아버지가 돌아가시고 확인하러 가려는 필
*트랙 인으로 주위집중
*어두운 배경음악
*프레임 아웃으로 화면에서 퇴장하는 필

3
*전 컷에서 프레임 아웃된 필은 같은 방향성을 갖고 프레임 인 됨
*필의 움직임에 따른 카메라 팬
*어두운 음악

4
*소품(커튼)을 활용한 컷 연결
*필의 표정을 통해 할아버지가 돌아가셨다는 사실을 알 수 있음

*할아버지께 따뜻한 스프를
 사주는 필의 모습
*앞 컷과 최소한 하루라는
 시공간의 간격을 두지만
 자연스럽게 연결

*해당 컷도 바로 죽어가는
 노인을 보여줌
*어두운 배경음악

*끝내 숨을 거둔 노인,
 망연자실한 필
*필의 행동을 따라
 틸트다운, 업
*어두운 음악이
 고조되다가 사라짐

3 정리

영화상에서는 시/공간의 변화를 다양한 컷의 연결로 보여줍니다. 해당 영화는 반복되는 하루라는 시간적 간격을 두고 있지만 어떤 영화에서는 엄청난 시공간의 변화를 단순한 컷의 연결로 보여 주기도 합니다. 영화 역사상 가장 많이 회자되는 컷 연결의 한 장면을 보시겠습니다.

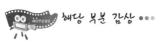 해당 부분 감상 ●●● 〈2001 스페이스 오디세이〉
러닝타임 19분–20분 부근.
뼈다귀에서 우주선으로 전환되는 부분

공중으로 던져진 뼈다귀의 형상과 움직임을 활용해 수 천 년 뒤의 우주선으로 전환된 이 장면은 사운드의 소거와 자연스런 클래식 풍의 음악 사용으로 매끄럽게 연결 됩니다.

♣ 귀여운 여인 ·································

🎙 학습목표

> 1. 뮤직 비디오 스타일의 장면 연출에 대한 소개
> 2. 신데렐라 신드롬, 신데렐라 콤플렉스란?
> 3. 대리만족과 영화 관람의 상관관계 알기

🎬 **오프닝 타이틀** ●●● 귀여운 여인 마지막 장면

각종 매체에서 '신데렐라 신드롬[37]'과 연관해서 많이 활용했던 장면입니다. 사회적 신분을 초월한 사랑 이야기를 다룬 이 영화는 우리에게 사랑의 위대성에 대해 일정 부분 역설하고 있습니다. 물론 동화 같은 이야기이긴 합니다.

1 작품분석

백만장자 에드워드는 친구의 차를 몰고 가다 길을 잃고 창녀인 비비안을 만나게 됩니다. 둘은 에드워드의 제안으로 일주일 동안 같이 지내기로 합니다. 그 일주일이 두 사람의 인생을 변화시킵니다.

♪🎵 캐릭터 설정

① 에드워드 – 재정이 어려운 회사를 사들여 쪼갠 후 되파는 일을 하고 있습니다. 일이 바빠 그동안 사귀던 여성들에게 매우 소홀히 대했고 지극히 이성적이고 냉정하게 살아왔습니다. 이혼 당해 돌아가신 어머니에 대한 복수로 아버지 회사를 쪼개 팔정도니까요. 하지

---

37) 보잘것없는 여자가 하루아침에 고귀한 신분이 되거나 유명해지는 현상.
국립 국어원, 2004년 신어 자료집. www.daum.net 국어사전 참조.

만 비비안을 만나게 되면서 차츰 달라집니다. 리차드 기어가 에드 워드 역을 맡고 있습니다.

② 비비안 – 〈노팅힐〉의 줄리아 로버츠 기억나시죠? 〈귀여운 여인〉은 줄리아 로버츠의 출세작이라 할 수 있습니다. 고등학교를 중퇴하고 애인을 따라 도시에 왔습니다. 여러 일을 전전하다 친구의 말에 솔깃해서 창녀가 되었습니다. 그래서 자포자기한 삶을 살았는지도 모릅니다. 하지만 에드워드를 만나고 그녀 역시 변하게 됩니다.

♪♬ 영화의 매력

이 영화는 많은 여성들이 꿈꾸는 판타지를 잘 보여주고 있습니다. 자신의 남자가 돈도 많고 외모도 잘생긴데다가 성격도 젠틀하다면 싫어 할 여성은 당연히 없겠죠. 이것은 남자도 마찬가지일거라 생각됩니다. 착하고, 예쁘고, 돈 많은 여자를 거절할 남자가 과연 몇이나 될까요?

어떻게 보면 〈귀여운 여인〉은 〈노팅힐〉과 성별만 바뀌었지 크게 다르지 않은 영화로 보입니다. 하지만 현실에서 우리에게 과연 그러한 기회가 찾아올까요? 많은 사람들에게는 꿈같은 이야기입니다. 영화의 매력은 많은 부분 여기에서 기인한다고 보여 집니다. 즉, 대리만족이죠. 물론 그렇기 때문에 이 영화는 비판을 받기도 합니다. 지나친 '신데렐라 콤플렉스[38]'를 심어줄 수 있기 때문입니다. 뻔 한 설정에, 뻔 한 스토리에, 뻔 한 결말. 하지만 우리는 그 뻔 함에 흠뻑 빠지게 됩니다. 꿈꾸는 것이 죄는 아니니까요.

---

38) 여성이 일시에 자신의 인생을 화려하게 변모시켜 줄 남자를 기다리는 심리적 의존 상태. 주로 자신의 능력과 인격으로 자립할 자신이 없는 여성에게 나타나며, 남성에 대한 의존성·수동성·자기 비하의 태도에 기인한다. www.daum.net 국어사전 참조.

2 장면분석

일반적으로 뮤직 비디오라고 부르는 스타일과 같은 시퀀스가 영화에서도 종종 등장합니다. 음악이 흐르면서 시간의 경과나 장소의 변화, 또는 특정 사건을 축약해 표현해 줍니다.

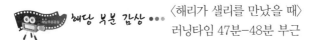 〈해리가 샐리를 만났을 때〉
러닝타임 47분-48분 부근

해당 부분은 식당에서 샐리가 오르가즘 흉내를 내던 장면 바로 뒤에 연결된 시퀀스입니다. 어떻게 보면 뜬금없이 등장한 이 부분으로 감독은 늦가을에서 새해까지 영화적으로 불필요한 시간을 축약시켜 버립니다.

 〈클래식〉 러닝타임 93분-94분 부근

해당 부분은 손예진이 분한 주인공 지혜가, 자신이 사랑하는 남자가 자신을 좋아한다는 사실을 알게 되고, 그에게 뛰어가는 장면입니다. 마치 한편의 뮤직 비디오를 보는 것처럼 느껴지는 해당 장면에서 우리는 말로는 설명할 수 없는 지혜의 감정에 동화됩니다. 다음으로 〈귀여운 여인〉을 살펴보겠습니다.

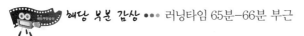 러닝타임 65분-66분 부근

에드워드의 권유로 명품 옷을 사러간 비비안은 천박한 옷차림새 때문에 옷 가게에서 퇴짜를 맞습니다. 비비안이 퇴짜 맞은 것을 알게 된 에드워드는 직접 그녀를 데리고 다른 옷 가게로 갑니다. 비비안은 어제와 다른 경험을 하게 됩니다. 명품 옷을 입자 그녀를 보는 사람들의 시선도 달라집니다.

경쾌한 '귀여운 여인' 주제가와 함께 빠른 점프컷 느낌의 화면, 화려한 카메라 움직임, 사람들의 시선을 활용한 이 시퀀스는 비비안의 달라지는 겉모습을 짧은 시간에 잘 표현하고 있습니다.

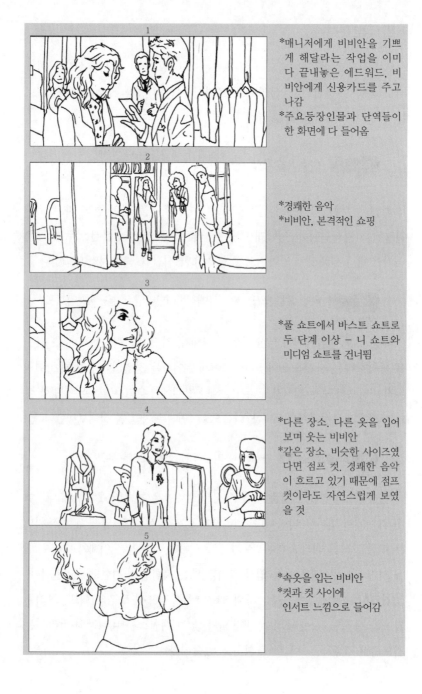

1

*매니저에게 비비안을 기쁘게 해달라는 작업을 이미 다 끝내놓은 에드워드, 비비안에게 신용카드를 주고 나감
*주요등장인물과 단역들이 한 화면에 다 들어옴

2

*경쾌한 음악
*비비안, 본격적인 쇼핑

3

*풀 쇼트에서 바스트 쇼트로 두 단계 이상 - 니 쇼트와 미디엄 쇼트를 건너뜀

4

*다른 장소. 다른 옷을 입어보며 웃는 비비안
*같은 장소, 비슷한 사이즈였다면 점프 컷. 경쾌한 음악이 흐르고 있기 때문에 점프 컷이라도 자연스럽게 보였을 것

5

*속옷을 입는 비비안
*컷과 컷 사이에 인서트 느낌으로 들어감

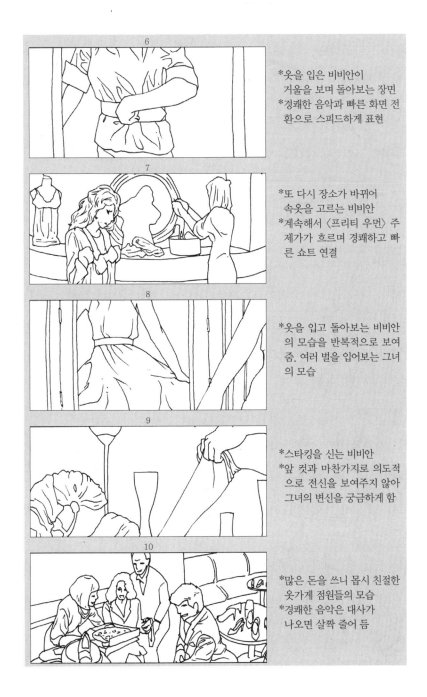

*옷을 입은 비비안이
거울을 보며 돌아보는 장면
*경쾌한 음악과 빠른 화면 전
환으로 스피드하게 표현

*또 다시 장소가 바뀌어
속옷을 고르는 비비안
*계속해서 〈프리티 우먼〉 주
제가가 흐르며 경쾌하고 빠
른 쇼트 연결

*옷을 입고 돌아보는 비비안
의 모습을 반복적으로 보여
줌. 여러 벌을 입어보는 그녀
의 모습

*스타킹을 신는 비비안
*앞 컷과 마찬가지로 의도적
으로 전신을 보여주지 않아
그녀의 변신을 궁금하게 함

*많은 돈을 쓰니 몹시 친절한
옷가게 점원들의 모습
*경쾌한 음악은 대사가
나오면 살짝 줄어 듦

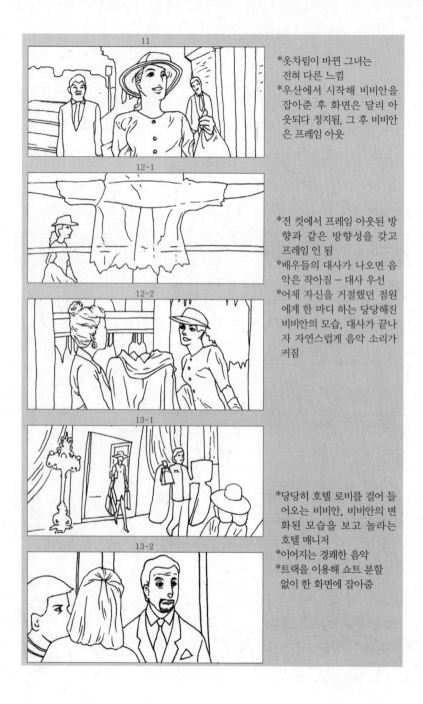

11

*옷차림이 바뀐 그녀는 전혀 다른 느낌
*우산에서 시작해 비비안을 잡아준 후 화면은 달리 아웃되다 정지됨, 그 후 비비안은 프레임 아웃

12-1

*전 컷에서 프레임 아웃된 방향과 같은 방향성을 갖고 프레임 인 됨
*배우들의 대사가 나오면 음악은 작아짐 – 대사 우선

12-2

*어제 자신을 거절했던 점원에게 한 마디 하는 당당해진 비비안의 모습, 대사가 끝나자 자연스럽게 음악 소리가 커짐

13-1

*당당히 호텔 로비를 걸어 들어오는 비비안, 비비안의 변화된 모습을 보고 놀라는 호텔 매니저
*이어지는 경쾌한 음악
*트랙을 이용해 쇼트 분할 없이 한 화면에 잡아줌

13-2

14
*매니저의 시점쇼트, 귀부인
 처럼 요염하게 걷는 비비안
 의 모습
*카메라의 위치가 가상선 라
 인에 있지만 180도 법칙을
 지키고 있음

15
*로맨틱 코미디에는 둘의 사
 랑을 돕는 조력자가 존재,
 호텔 매니저가 그런 역할
*13컷의 마지막 장면과 같은
 카메라 셋업

16
*자신의 짐을 들어준 호텔직
 원에게 팁도 주는 비비안,
 만족한 듯 자리에 앉으면 음
 악이 끝남

해당 부분 감상 ••• 러닝타임 65분−66분 부근

3 정리

어릴 적 남자라면 누구나 왕자가 되는 환상을, 여자라면 누구나 공주가 되는 환상을 꿈꿔 본 적이 있을 겁니다. 〈귀여운 여인〉은 그런 의미에서 '어른들을 위한 동화'입니다. 물론 해당 영화는 '신데렐라 콤플렉스'를 많은 여성들에게 심어줬으며, 사회를 외모 지상주의로 흐르게 만들었다는 여지를 갖고 있는지도 모릅니다. 하지만 그것은 과잉 반응인 것 같습니다. 우리가 영화를 보는 이유 중 하나가 현실에서 할 수 없거나 될 수 없는 것을 대리 만족하기 위해서니까요.

학습목표

1. 슬로우 모션과 더블 액션의 사용 살펴보기
2. 플래시 포워드란?
3. 내레이션의 또 다른 역할 알아보기

🎞 **오프닝 타이틀** ●●● 러닝타임 93분-97분 부근

사랑하는 아내가 죽었습니다. 어린 아들만 남겨두고서. 보고 싶습니다. 간절히 무엇인가를 바라면 이루어진다고 했던가요? 죽은 아내가 돌아옵니다. 그리고 가장 행복한 순간을 안겨 주고서 이제 떠나야 합니다.

1 작품분석

♪🎵 줄거리

타구미는 1년 전 사랑하는 아내 미호를 잃고 어린 아들 유우지와 함께 삽니다. 유우지는 엄마 미호가 준 그림책처럼 엄마가 비의 계절에 다시 돌아온다고 굳게 믿고 있습니다. 그리고 정말로 그림책 속 이야기처럼 아내 미호가 살아 돌아옵니다. 타구미와 유우지 두 부자는 모처럼 행복한 시간을 보내게 됩니다. 하지만 그림책 속 이야기처럼 비의 계절이 끝나자 미호는 떠나야만 합니다. 도대체 미호에게는 무슨 일이 있었으며, 어떻게 그럴 수 있는 걸까요?

♪🎵 캐릭터 설정

① 타구미 – 무뚝뚝하지만 성실하고 예의바른 남자입니다. 어릴 적 육

상 선수를 할 때 무리한 연습으로 인해 몸이 건강하지 않습니다. 아들 유우지와 함께 죽은 아내를 늘 그리워하며 삽니다.

② 유우지 – 타구미와 미호의 하나 뿐인 어린 아들입니다. 엄마가 자신 때문에 죽었다는 말도 안 되는 자책감을 갖고 있습니다. 죽은 엄마가 그려준 그림책 때문에 그녀가 살아 돌아올 거라 믿습니다.

③ 미호 – 그녀는 죽은 사람입니다. 그런데 어느 날 갑자기 환생합니다. 다만 그녀는 과거의 기억을 전혀 갖고 있지 않습니다. 자신의 남편인 타구미도, 아들 미호도 잘 모릅니다. 하지만 천천히 타구미의 아내, 미호의 어머니가 되어갑니다. 그러면서 다시 첫사랑을 하게 됩니다.

♪♬ 영화의 매력

이 영화는 격정적이지도 화려하지도 않습니다. 그냥 평범한 사람들의 잔잔한 가족 이야기입니다. 이러한 평범함이 이 영화의 가장 큰 매력입니다. 바로 우리의 이야기니까요. 컴퓨터로 영화를 띄엄띄엄 보는 습관이 계신 분이라면 권하고 싶지 않습니다. 하지만 차분한 마음으로 이 영화를 보면 잔잔함이 주는 큰 감동과 여운을 얻을 수 있을 겁니다.

♪♬ 운명

여러분은 누군가를 사랑하는데 있어 운명을 믿으십니까? 저는 운명을 믿습니다. 단, 그 운명도 분명한 선택을 통해 우리에게 다가온다고 봅니다. 만약 여러분 중에 망설이는 분이 있다면 해당 장면을 보고 고민해보길 바랍니다.

해당 부분 감상 ●●● 러닝타임 111분~114분 부근

2장 · 영화분석

내가 누군가를 진정으로 좋아하는지는 자신만 알고 있기 때문에 고백해야 상대방이 알 수 있습니다. 누군가를 사랑한다는 사실은 부끄러운 것이 아닙니다. 사랑한다면, 좋은 사람을 만났다면, 단지 두렵기 때문에 망설여진다면, 진심으로 사랑한다면, 고백하세요! 당신 인생의 마지막 사랑일 수도 있습니다.

2 장면분석

플래시 포워드에 대한 알아보겠습니다. 플래시 포워드는 회상인 플래시백의 반대 개념으로 생각하면 됩니다. 플래시백보다는 보기 드문 경우이긴 합니다. 다음 장면을 본 후 설명을 들으면 이해가 쉬울 겁니다.

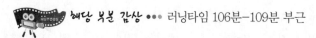 **해당 부분 감상** ●●● 러닝타임 106분–109분 부근

타구미와 미호는 한참을 만나지 못했습니다. 서로 사랑을 고백할 용기가 없었습니다. 타구미는 용기를 내어 미호를 찾아갑니다. 몸이 좋지 않아 대중교통을 이용하기 힘든 타구미로서는 정말 힘든 여행이었죠. 그런데 하필 그때 미호가 다른 남자와 만나는 것을 목격합니다. 타구미는 말없이 그 자리를 뜹니다. 하지만 미호가 그런 타구미를 발견하고 쫓아옵니다.

*타구미를 부르는 미호
*바스트 쇼트

*타쿠미를 향해 달려가는 미호
*뛰는 순간 컷, 행위의 일치
를 이용한 고전적 편집
*미호가 프레임 아웃하면 달
려오는 차가 보임

*차 급정거 소리와 고개 돌려
차를 바라보는 미호
*슬로우 모션

*전 장면과 겹쳐지는 미호의
놀란 모습 슬로우 모션
*전 컷과 같은 행동을 보여줌
– 더블액션
*슬로우 모션과 더블액션은
의미를 더 부여할 때 같이
쓰임

*급정거 하는 차의 바퀴

*급정거하는 차바퀴 슬로우
모션 – 더블액션으로 순간
의 급박함 강조

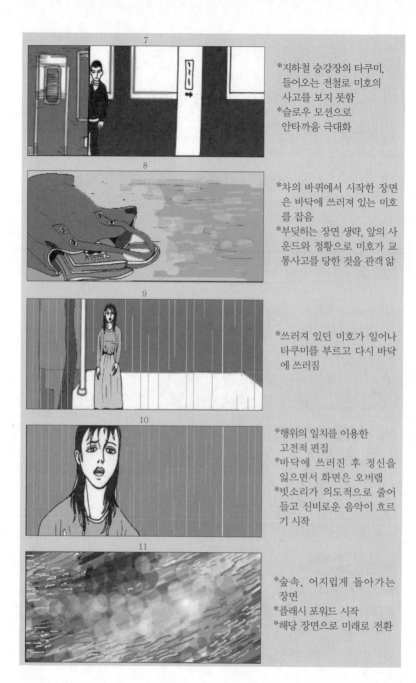

7

*지하철 승강장의 타쿠미,
 들어오는 전철로 미호의
 사고를 보지 못함
*슬로우 모션으로
 안타까움 극대화

8

*차의 바퀴에서 시작한 장면
 은 바닥에 쓰러져 있는 미호
 를 잡음
*부딪히는 장면 생략, 앞의 사
 운드와 정황으로 미호가 교
 통사고를 당한 것을 관객 앎

9

*쓰러져 있던 미호가 일어나
 타쿠미를 부르고 다시 바닥
 에 쓰러짐

10

*행위의 일치를 이용한
 고전적 편집
*바닥에 쓰러진 후 정신을
 잃으면서 화면은 오버랩
*빗소리가 의도적으로 줄어
 들고 신비로운 음악이 흐르
 기 시작

11

*숲속, 어지럽게 돌아가는
 장면
*플래시 포워드 시작
*해당 장면으로 미래로 전환

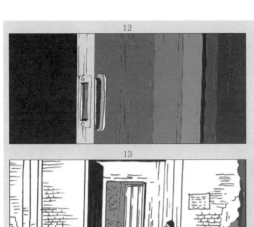

12

*특이한 효과음, 열리는 문
*미래의 세계로
 미호가 간 것을 의미

13

*죽은 미호가
 미래에 다시 살아날 장소
*이후 짧은 컷과 디졸브 연결
 로 미래에 일어날 사건들을
 짧게 소개

14

*유우지의 '엄마'소리 선행과
 신비로운 음악이 흐름

15

*미호를 발견하고
 뛰어오는 유우지
*해당 쇼트 앞부분이 물결 모
 양으로 CG처리 되어 있어
 신비로움을 더함

16

*미호를 보고 놀라는 타쿠미

17

*유우지의 손을 잡는 미호
*여기까지 미래의 첫 만남

18

*어지럽게 돌아가는
 숲속의 모습
*이러한 느낌은 앞으로 몇 번
 더 반복
*뒤에 나오는 숲 속 쇼트들
 은 중요장면 빼고 생략 함

19

*미호가 살아있을 때
 화목했던 가족사진
*계속해서 짧은 쇼트들의
 디졸브 연결이 이어짐

20

*거울 앞에 서 있는 가족들,
 아직까지 낯설기만 한 미호
*신비로운 음악

21

*유우지와 함께 자는 미호는
 알 수 없는 모정을 느낌

22

*아침에 미호가 만드는 계란
 프라이 3개
*미호가 나타나면서 두 부자
 의 아침도 변하게 됨

23

*미호의 모습을
 바라보는 유우지

24

*미호에게 어색하게
 아침인사를 하는 타구미

25

*미호도 타구미에게
 어색한 인사를 함

26

*학교에 가는 유우지는 손을
 흔들며 인사함, 엄마가 돌아
 와 신나기만 한 유우지

27
*출근하던 길에 풀린
 신발 끈을 묶는 타쿠미
*계속해서 짧은 쇼트들의
 디졸브 연결

28
*결혼반지를 껴보는
 미호의 손 인서트

29
*타쿠미와 미호의 결혼사진

30
*셋이 함께 하는 저녁식사
*평범한 가족들에겐 일상일 수
 도 있지만 그들에겐 특별함

31
*같이 그림을 그리는
 유우지와 미호
*유우지도 미호의 모정을 느낌

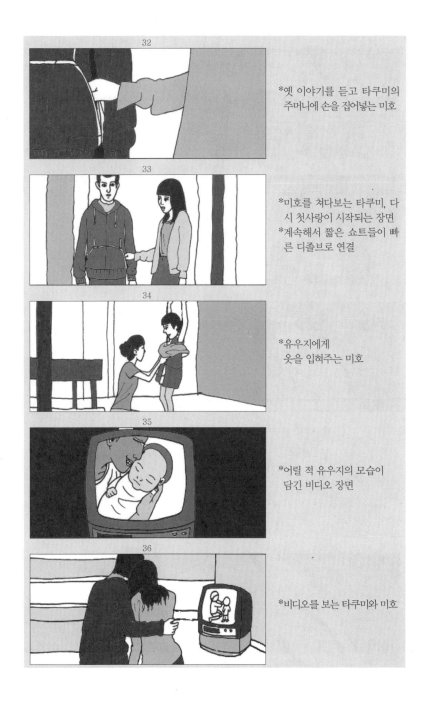

32

*옛 이야기를 듣고 타쿠미의
주머니에 손을 집어넣는 미호

33

*미호를 쳐다보는 타쿠미, 다
시 첫사랑이 시작되는 장면
*계속해서 짧은 쇼트들이 빠
른 디졸브로 연결

34

*유우지에게
옷을 입혀주는 미호

35

*어릴 적 유우지의 모습이
담긴 비디오 장면

36

*비디오를 보는 타쿠미와 미호

37

*비 오는 날, 산책하는 세 사람

38

*행복해 보이는 세 사람

39

*키스를 나누며 사랑을 확인
 하는 미호와 타쿠미
*여기까지가 미래로 간 미호
 가 기억을 잃어 두 부자에게
 적응하며 다시 타쿠미를 사
 랑하게 되는 부분

40

*맑고 순수한 느낌의 하늘 이
 미지
*인서트 컷 개념으로
 현재로 돌아가는 기점 역할

41

*감았던 눈을 뜨며
 현재로 돌아온 미호
*계속 흐르는 신비로운 음악
 은 미호의 '플래시 포워드'
 느낌을 계속 연결시켜 주는
 역할

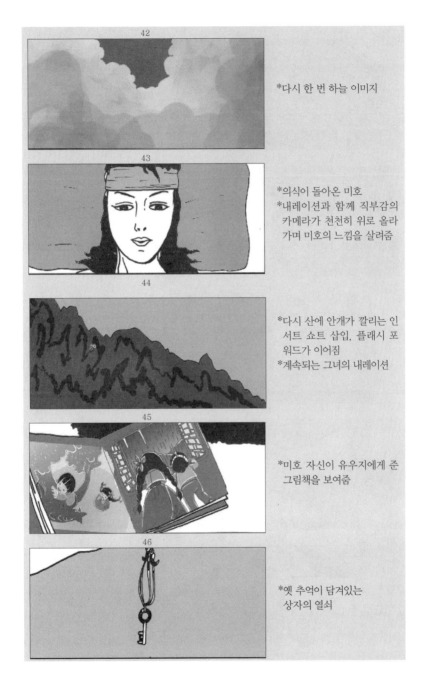

42

*다시 한 번 하늘 이미지

43

*의식이 돌아온 미호
*내레이션과 함께 직부감의
 카메라가 천천히 위로 올라
 가며 미호의 느낌을 살려줌

44

*다시 산에 안개가 깔리는 인
 서트 쇼트 삽입, 플래시 포
 워드가 이어짐
*계속되는 그녀의 내레이션

45

*미호 자신이 유우지에게 준
 그림책을 보여줌

46

*옛 추억이 담겨있는
 상자의 열쇠

2장・영화분석

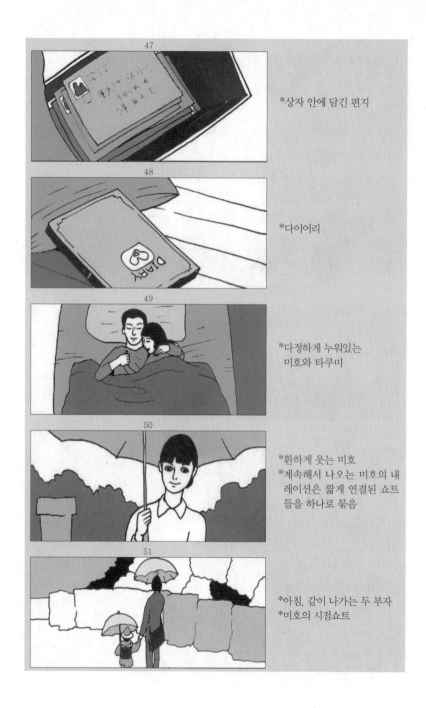

47

*상자 안에 담긴 편지

48

*다이어리

49

*다정하게 누워있는
 미호와 타쿠미

50

*환하게 웃는 미호
*계속해서 나오는 미호의 내
 레이션은 짧게 연결된 쇼트
 들을 하나로 묶음

51

*아침. 같이 나가는 두 부자
*미호의 시점쇼트

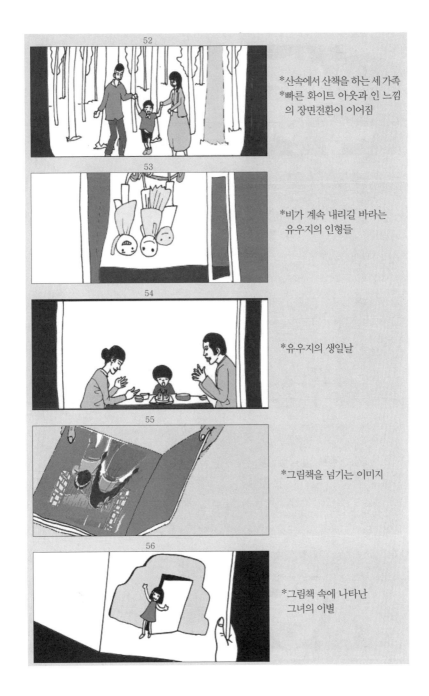

*산속에서 산책을 하는 세 가족
*빠른 화이트 아웃과 인 느낌
 의 장면전환이 이어짐

*비가 계속 내리길 바라는
 유우지의 인형들

*유우지의 생일날

*그림책을 넘기는 이미지

*그림책 속에 나타난
 그녀의 이별

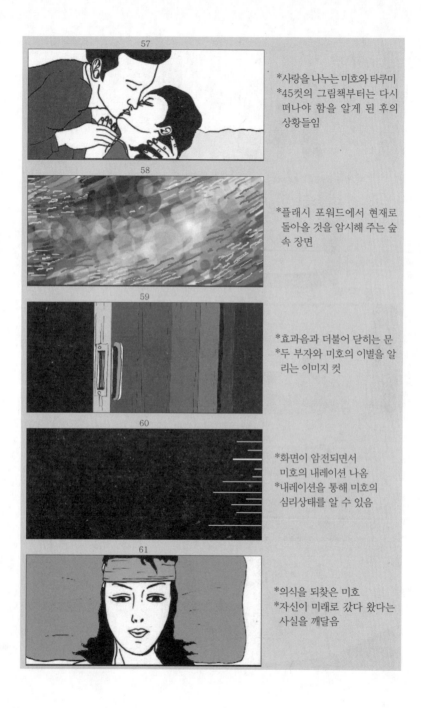

57

*사랑을 나누는 미호와 타쿠미
*45컷의 그림책부터는 다시
 떠나야 함을 알게 된 후의
 상황들임

58

*플래시 포워드에서 현재로
 돌아올 것을 암시해 주는 숲
 속 장면

59

*효과음과 더불어 닫히는 문
*두 부자와 미호의 이별을 알
 리는 이미지 컷

60

*화면이 암전되면서
 미호의 내레이션 나옴
*내레이션을 통해 미호의
 심리상태를 알 수 있음

61

*의식을 되찾은 미호
*자신이 미래로 갔다 왔다는
 사실을 깨달음

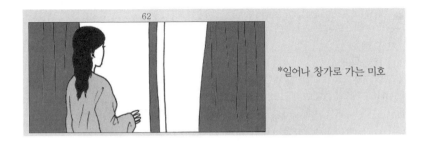

*일어나 창가로 가는 미호

해당 보본 감상 ●●● 러닝타임 106분~109분

신비로운 음악과 더불어 앞으로 일어날 일들이 빠르게 디졸브, 화이트 인/아웃 등의 장면 전환 기법으로 전개된 해당 시퀀스는 미호의 내레이션으로 분명해집니다. 그녀는 교통사고 때문에 의식을 잃었고, 미래에 갔다 온 것입니다. 이제 플래시 포워드가 무엇인지 확실히 아실 거라 생각됩니다.

3 정리

이런 환상적인 요소를 포함하고 있는 일본 영화중에는 〈러브 레터〉가 있습니다. 〈지금 만나러 갑니다〉와 더불어 꼭 추천해 드리고 싶은 영화입니다. 두 영화를 보면 사랑의 소중함에 대해 각별한 생각이 들 겁니다. 꼭 보시고 사랑의 소중함을 느껴보시기 바랍니다. 사랑의 소중함은 그 가치를 아는 사람에게만 존재하는 법이니까요.

♣ 전차남[39] ·

● 학습목표

1. 오타쿠란?
2. 대도구, 소도구 등 소품이 주는 효과 알아보기
3. 분할화면, 반응쇼트의 사용 살펴보기

오프닝 타이틀 ••• 예고편 감상

이 영화는 실화를 바탕으로 극화한 작품으로서 이미 일본에서 소설과 드라마로 큰 인기를 끌었습니다. 한눈에 봐도 어설프고 사람을 똑바로 쳐다보지도 못하는 소심남의 사랑 성공기인데요. '전차남'은 극중 주인공이 사용하는 인터넷 아이디입니다.

1 작품분석

전철 안에서 위기에 처한 아름다운 여인 에르메스를 취객으로부터 구해주는 전차남, 보답으로 비싼 찻잔을 선물 받습니다. 이를 계기로 그녀와 다시 만나고 싶어 하는 전차남은 평소 인터넷상에서 알고 지내던 누리꾼들에게 도움을 청하게 됩니다. 수많은 누리꾼들의 도움 속에 전차남은 그녀의 사랑을 쟁취할 수 있을까요?

♪♬ 캐릭터 설정

① 전차남 – 애니메이션 캐릭터에 빠져있는 속칭 오타쿠입니다. 어리버리한 성격에 한심해 보이기도 하고, 대인 기피증도 엿보입니다.

---

39) 〈전차남〉 교안은 〈화려하지 않은 고백〉 전성빈 감독이 초안을 작성하고 필자가 부분 수정, 첨가한 글입니다.

영화기행 수업노트
사랑

사람을 만나는 것도 인터넷을 통한 온라인상에서만 합니다. 그런 그가 그녀의 사랑을 쟁취할 수 있을까요?

② 에르메스 - 전차남에 비해 나이는 좀 들어 보이지만, 좋은 직장과 부유한 집안, 예쁜 외모 등 여러 면에서 전차남이 상대하기에 벅차 보입니다. 그런 그녀가 전차남을 좋아하게 될까요?

♪♬ 영화의 매력포인트

어떻게 보면 해당 영화는 〈엽기적인 그녀〉를 벤치마킹한 것으로 보입니다. 〈전차남〉의 원작자는 〈엽기적인 그녀〉의 원작자처럼 자신의 경험담을 인터넷에 올렸고 그 글이 순식간에 인터넷을 타고 퍼지면서 많은 사람들의 공감을 얻었습니다. 그리고 그 공감을 바탕으로 영화화 되었습니다.

좋아하는 사람을 만나도, 운 좋게 그 사람과 잘 될 수 있는 기회를 얻어도, 많은 사람들은 연인으로 발전하지 못하는 경우가 많습니다. 〈지금 만나러 갑니다〉에서도 미호의 과감한 프러포즈가 없었다면 타구미와 그녀의 사랑은 그냥 그렇게 흘러간 서로간의 짝사랑이 되었겠죠.

사랑엔 용기가 필요합니다. 그런 용기를 전차남은 누리꾼들을 통해 얻습니다. 하나하나씩 이루어내는 전차남을 보며 우리도 같이 기뻐지기 시작합니다. 이 영화의 매력 포인트는 이 부분인 것 같습니다. 나처럼 소심한 남자의 연애 성공기! 누리꾼들의 환대를 통해 본 따뜻한 사회! 악플이 심각한 사회 문제가 되고 있는 요즘 우리사회에서 시사하는 바가 큰 영화입니다.

♪♬ 오타쿠

오타쿠는 일본에서 유래된 말입니다. 영어로 매니아라 생각하면 편합니다. 단, 매니아보다 더 심취해 있는 사람들을 말합니다. 주인공 전차남은 애니메이션 로봇 캐릭터 수집에 심취해 있는 오타쿠로 설정되어 있습니다. 또한 에르메스에게 〈매트릭스〉 이야기를 하며 열광하는 것으로 봐서 영화에도 어느 정도 심취해 있는 것으로 보입니다.

이러한 오타쿠 집단은 지극히 폐쇄적인 성격도 갖고 있지만, 해당 분야에 대해 전문가를 능가하는 학식을 갖고 있는 경우도 있다고 합니다. 달인이라고나 할까요? 대중문화가 사회 전반에 대한 영향력을 확대하면서 오타쿠는 재평가 받게 되었습니다.

2 장면분석

마음에 드는 여자를 만났습니다. 그리고 자신으로서는 도저히 낼 수 없는 용기를 발휘해 곤경에 처한 그녀를 도왔습니다. 하지만 그녀의 전화번호도, 주소도 없습니다. 이제 잊혀진 좋은 사람이 되겠지요. 그런데 그녀가 너무 비싼 선물을 보내왔습니다. 주소도, 전화번호도 알게 되었습니다.

이제 전화를 하면 됩니다. 너무 비싼 선물을 핑계 삼아 선물이 과하니 대신 밥 한 끼 대접하겠다고 전화를 하면 다시 그녀를 만날 수 있습니다. 하지만 전차남은 소심남이고 그렇게 해 본적 또한 없습니다. 혼자서는 도저히 할 수가 없습니다. 그러나 우리의 전차남에겐 그들이 있습니다.

 해당 부분 감상 ••• 러닝타임 12분~15분 부근

*배경음악이 흐름
*설정쇼트
*오타쿠다운 전차남의 방안
*배달되어 있는 소포

*그녀가 보낸 소포라는 것을
 알고 음악 정지, 오프 사운
 드로 내레이션처럼 그의 대
 사가 들림
*전 컷과 쇼트 사이즈의 변
 화, 30도 법칙

```
:電車男: ID:S7fk1n
速報！あの女性から宅配便が
届きました！
```

*그의 대사로 2,3컷 연결
*대사에 해당되는 인터넷 화면
 으로 자연스럽게 그가 인터넷
 을 하고 있다는 설정을 줌

*전차남의 행동을 보여줌과
 동시에 화면아래 중앙박스
 에 인터넷 창을 열어 누리꾼
 들이 대화 할 수 있는 심적
 공간 확보

*분할화면으로
 각각의 누리꾼들 보여줌
*화면 아래 중앙 컷에 전차남
 을 보여줘 관객이 자연스럽
 게 전차남 중심으로 화면에
 집중할 수 있게 함

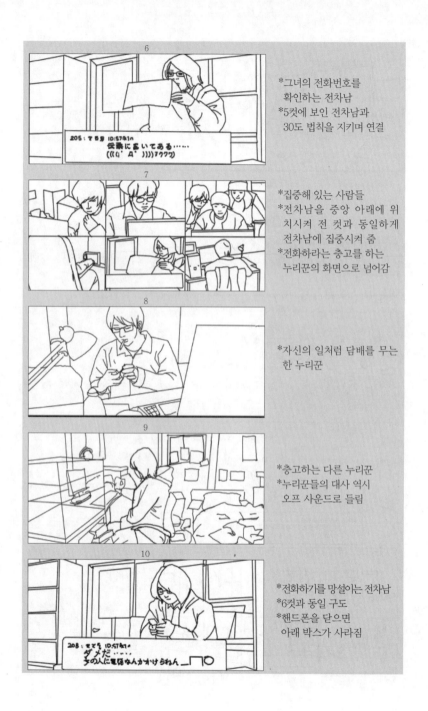

*그녀의 전화번호를
확인하는 전차남
*5컷에 보인 전차남과
30도 법칙을 지키며 연결

*집중해 있는 사람들
*전차남을 중앙 아래에 위
치시켜 전 컷과 동일하게
전차남에 집중시켜 줌
*전화하라는 충고를 하는
누리꾼의 화면으로 넘어감

*자신의 일처럼 담배를 무는
한 누리꾼

*충고하는 다른 누리꾼
*누리꾼들의 대사 역시
오프 사운드로 들림

*전화하기를 망설이는 전차남
*6컷과 동일 구도
*핸드폰을 닫으면
아래 박스가 사라짐

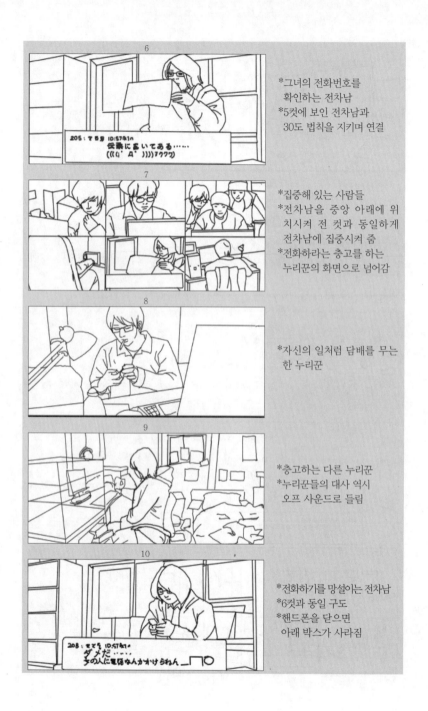

영화기행 수업노트
사랑

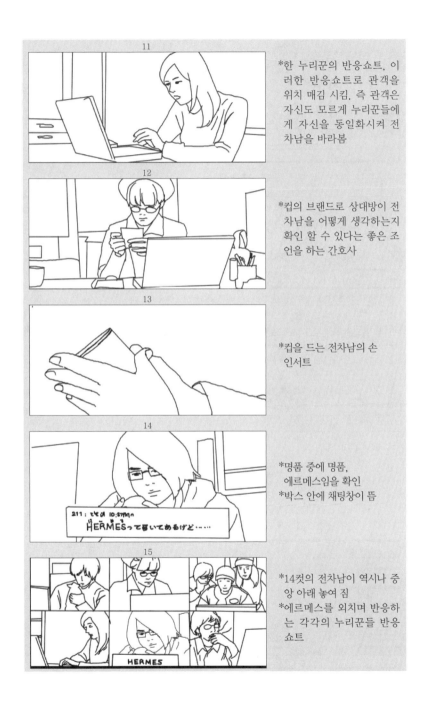

11

*한 누리꾼의 반응쇼트. 이
러한 반응쇼트로 관객을
위치 매김 시킴. 즉 관객은
자신도 모르게 누리꾼들에
게 자신을 동일화시켜 전
차남을 바라봄

12

*컵의 브랜드로 상대방이 전
차남을 어떻게 생각하는지
확인 할 수 있다는 좋은 조
언을 하는 간호사

13

*컵을 드는 전차남의 손
인서트

14

211 : 전차 10:57????
HERMESって書いてあるけど……

*명품 중에 명품,
에르메스임을 확인
*박스 안에 채팅창이 뜸

15

HERMES

*14컷의 전차남이 역시나 중
앙 아래 놓여 짐
*에르메스를 외치며 반응하
는 각각의 누리꾼들 반응
쇼트

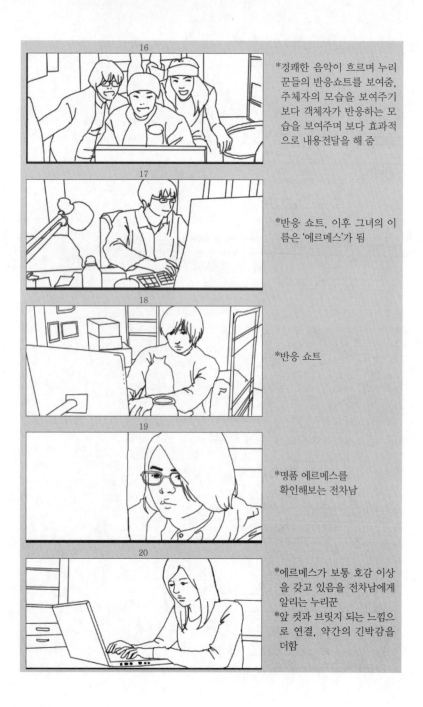

16

*경쾌한 음악이 흐르며 누리
 꾼들의 반응쇼트를 보여줌,
 주체자의 모습을 보여주기
 보다 객체자가 반응하는 모
 습을 보여주며 보다 효과적
 으로 내용전달을 해 줌

17

*반응 쇼트, 이후 그녀의 이
 름은 '에르메스'가 됨

18

*반응 쇼트

19

*명품 에르메스를
 확인해보는 전차남

20

*에르메스가 보통 호감 이상
 을 갖고 있음을 전차남에게
 알리는 누리꾼
*앞 컷과 브릿지 되는 느낌으
 로 연결, 약간의 긴박감을
 더함

*에르메스 컵에 대한 전차남의 반응쇼트, 관객도 이때 전차남과 동일하게 이해. 표정 연기 좋음, 반응 쇼트는 듣고 있는 사람의 표정이 중요

*처음 장면을 다음 장면이 밀어내며 들어오는 와이퍼라는 기법 사용

*와이퍼로 등장한 한 명의 네티즌, 제한된 화면을 보다 재밌게 사용
*컷을 나누는 것보다 분할화면이 효과적으로 내용 전달

*손의 모습이 바뀌면서 현재 이야기 하는 주체가 바뀌었음을 나타냄
*계속되는 배경음악이 분위기를 더함

*또 다른 인물이 글을 올리고 있음. 다른 이들처럼 전차남이 어떻게 다가갈지를 조언

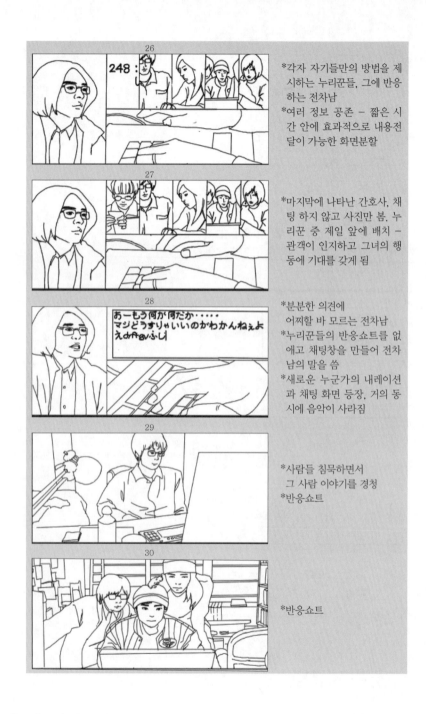

*각자 자기들만의 방법을 제시하는 누리꾼들, 그에 반응하는 전차남
*여러 정보 공존 – 짧은 시간 안에 효과적으로 내용전달이 가능한 화면분할

*마지막에 나타난 간호사, 채팅 하지 않고 사진만 봄. 누리꾼 중 제일 앞에 배치 – 관객이 인지하고 그녀의 행동에 기대를 갖게 됨

*분분한 의견에 어찌할 바 모르는 전차남
*누리꾼들의 반응쇼트를 없애고 채팅창을 만들어 전차남의 말을 씀
*새로운 누군가의 내레이션과 채팅 화면 등장, 거의 동시에 음악이 사라짐

*사람들 침묵하면서 그 사람 이야기를 경청
*반응쇼트

*반응쇼트

31

*반응쇼트

32

*누군가의 이야기가 공감대
를 형성하여 다들 경청함

33

*27컷에 본 간호사가 자신의
경험을 토대로 이야기 하고
있음

34

*누리꾼들과 전차남의 반응
쇼트로 그녀의 이야기가 매
우 중요하게 받아들여지고
있음을 나타냄

35

*전차남의 모니터 화면 안에
간호사의 모습이 나타남

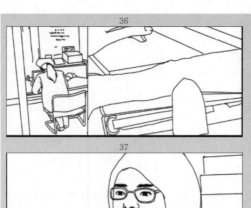

36

*전차남이 사라지고
 타자 치는 간호사와
 그녀의 사진이 나타남
*자신의 이야기로
 전차남을 비롯하여 모두를
 설득하는 의견을 내놓음

37

*그리고 다른 누리꾼이 말을
 함, 그 대사가 브릿지 되어
 다음 컷으로 자연스럽게 넘
 어감

38

255 : Mr.名無しさん : ID.OK8iM0e
おい。一つだけ言っておく。

*하나만 기억하라고.

39

相手の女性は一人だが……

*에르메스 그녀는 혼자고,
 너에겐 우리가 있다고!

40

*수많은 누리꾼들을 동시에
 보여줌, 전차남의 사랑이 이
 루어지길 지켜보는 수많은
 누리꾼들의 반응쇼트

*의미심장한 표정을 짓는
  전차남
*다시 살아나는 음악

해당 부분 감상 ••• 러닝타임 12분-15분 부근

이번 장면 분석은 반응 쇼트와 화면 분할을 중심으로, 음악의 사용과 대사 브릿지를 이용한 컷 연결도 같이 살펴봤습니다.

3 정리

우리는 하루에도 수십 번 인터넷 서핑을 합니다. 그리고 여러분도 많이 보셨겠지만 수많은 악플러를 봅니다. 아마도 익명성을 담보로 그러는 거겠죠. 하지만 〈전차남〉을 본 후 도구는 사람이 어떻게 사용하느냐에 달려있다는 흔한 말이 진리인 것을 다시 한 번 깨달았습니다. 여러분, 우리도 할 수 있지 않겠습니까? 세상은 때로는 아름다운 것들로 꽉 차 보입니다. 사람이 꽃 보다 아름다우니까요.

♣ 메멘토 ··

▌학습목표

○ 1. 시간의 역순이 주는 의미 파악하기
   2. 흑백과 칼라의 사용 소개

🎞️ **오프닝 타이틀** ••• 러닝타임 54분–56분 부근
곰 인형, 책 등을 불태우는 주인공

우리가 살펴볼 영화 〈메멘토〉는 기억에 관한 영화입니다. 지금 방금
본 화면의 남자가 주인공입니다. 문제는 그 남자가 지금과 같은 행동을
여러번 했을 수도 있다는 것입니다. 그러나 그는 기억하지 못합니다.

■ 작품분석

주인공 레너드는 그의 부인을 살해한 범인을 쫓고 있습니다. 그러한
과정에서 여러 사람과 관계를 맺게 됩니다. 하지만 그의 특이한 신체적,
정신적 문제 때문에 특수한 상황에 놓이게 됩니다. 과연 그는 부인을 살
해한 범인에게 복수할 수 있을까요?

♪♬ 캐릭터 설정

① 레너드 – 단기 기억 상실증이라는 희귀한 병을 앓고 있는 전직 보
   험 조사원입니다. 사고 전의 기억은 일반인 수준인 것 같습니다. 사
   고 후의 기억은 10분 전후가 고작입니다. 10분 정도가 지나면 아내
   가 죽은 사고이후의 기억들은 전혀 기억해 내지 못합니다. 언제나
   새로운 사람들을 만나는 셈이죠.

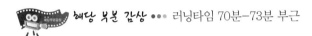

해당 부분 감상 ••• 러닝타임 7분−10분 부근

② 테디 − 방금 본 장면에서 마지막에 등장한 사람입니다. 그는 과거 레너드의 복수를 도왔습니다. 하지만 지금은 부패한 경찰로 레너드를 이용합니다.

③ 나탈리 − 애인을 잃은 슬픔 때문에 레너드의 복수를 돕습니다. 하지만 사실은 레너드를 이용해 자신의 복수를 하고 있습니다. 레너드는 이 사실을 모릅니다.

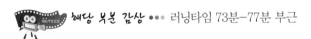

해당 부분 감상 ••• 러닝타임 70분−73분 부근

레너드는 나탈리를 폭행한 도드란 사람에게 갑니다. 하지만 진실은 도드가 나탈리를 협박한 적은 있지만 나탈리를 폭행한 사람은 바로 레너드 본인입니다. 그녀는 단기 기억 상실증인 레너드를 이용해 그녀를 협박하는 도드를 제거하려 합니다.

해당 부분 감상 ••• 러닝타임 73분−77분 부근

④ 도드 − 나탈리 애인 지미는 마약 판매에 관계된 범죄자입니다. 도드는 해당 마약 조직에서 지미의 상급자로 보입니다. 문제는 20만 달러를 갖고 마약과 교환하기 위해 나갔던 지미가 사라졌다는 겁니다. 도드는 그 일 때문에 나탈리를 협박합니다.

⑤ 지미 − 나탈리의 애인입니다. 마약 거래를 위해 부패 경찰인 테디를 만나러 갔다가, 자신의 부인을 살해한 살인범으로 지미를 오인한 레너드에게 살해당합니다. 하지만 여기서 지미는 중요한 역할을 합니다. 부패 경찰인 테디가 자신을 이용해 살인을 하고 있다는 것을 레너드가 알게 된 거죠.

해당 영화는 기억에 관한 영화입니다. 단기 기억 상실증이라는 명백한 의학적 용어에 관한 설명도 나옵니다. 하지만 단지 그러한 지점에서 이 영화를 이해한다면 오산입니다.

스포일러가 되지 않기 위해 구체적인 이야기는 할 수 없지만, 그러한 기억의 신체적, 정신적 문제가 아니라 인간의 집착과 편견, 자기 합리화에 대한 모순에 대해 이 영화는 말하고 있습니다. 바로 이 점이 영화의 반전 포인트 입니다. 기억은 기록이 아닌 인간의 회상이니까요.

② 편집 분석

♪♬ 시간의 역순

해당 영화는 시간이 역순되는 독특한 편집 방식을 채택하고 있습니다. 따라서 관객의 혼돈을 피하기 위해 현재 시퀀스의 첫 장면이 다음 시퀀스의 마지막 장면이 됩니다.

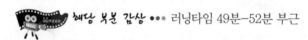

해당 부분 감상 ••• 러닝타임 49분–52분 부근

레너드가 달리는 중입니다. 해당 시퀀스의 첫 장면이죠. 문제는 *그가* 달리다가 자신이 달리는 이유를 잊어버린 거죠. 알고 보니 도드가 자신을 쫓고 있었고, 레너드는 복수를 위해 도드의 모텔 방에서 그를 기다립니다. 이어지는 장면입니다.

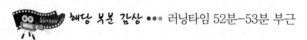

해당 부분 감상 ••• 러닝타임 52분–53분 부근

이어지는 장면에서 마지막 장면이 앞 시퀀스의 첫 장면이 됩니다. 감독은 이렇게 시퀀스를 배열시켜 시간이 역순되더라도 관객이 혼돈스럽지

않고 잘 이해할 수 있도록 해당 영화를 편집했습니다. 그런데 중요한 포인트는 왜 '시간의 역순'을 선택했을까요?

이유는 벌써 아는 분도 있겠지만 주인공인 레너드의 독특한 신체적, 정신적 증상 때문입니다. 시간의 역순은 우리가 주인공과 같은 심리 상태에 빠질 수 있는 단초를 제공합니다. 정보의 제약을 통해 이 영화는 관객에게 주인공과 함께 하는 퍼즐 게임을 제시하고 있습니다.

♪♬ 독특한 오프닝

시간이 역순되는 편집 구조를 택하고 있는 해당 영화는 도입부 오프닝도 독특한 방식으로 관객에게 흥미를 자아냅니다.

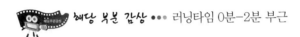

해당 부분 감상 ●●● 러닝타임 0분-2분 부근

시퀀스의 역순 배열 정도가 아니라 한 시퀀스 자체를 시간의 역순으로 보여주고 있습니다. 영화 시간상 제일 마지막 부분입니다.

♪♬ 흑백과 칼라의 사용

전체 영화의 화면은 흑백과 칼라 두 부분으로 나뉩니다. 칼라 부분은 전체 극을 이끄는 주요 에피소드를 역순으로 보여주고 있습니다. 흑백 부분은 주로 여관에서 레너드가 전화를 받는 장면인데 칼라부분과 다르게 순차적으로 진행됩니다.

칼라와 흑백 부분은 서로 교차되면서 보여 집니다. 시간상으로 보면 흑백 부분이 제일 먼저 일어난 에피소드입니다. 문제는 흑백 부분과 칼라 부분이 연결되는 지점을 찾는 것입니다. 주요 에피소드가 역순이므로 당연히 영화의 끝 부분쯤에 연결 지점이 있습니다.

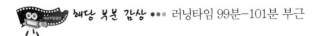

해당 부분 감상 ●●● 러닝타임 99분-101분 부근

테디의 정보로 모텔 방에 있던 레너드는 부인의 복수를 하기 위해 모처로 갑니다. 거기서 부인의 복수를 하게 됩니다. 복수를 하고 폴라로이드 사진을 현상하는 부분에서 화면은 흑백에서 칼라로 전환됩니다. 이 부분에서 교차되던 칼라와 흑백 화면은 하나의 에피소드로 묶여집니다.

그런데 시체를 옮기던 중 죽어가던 사람이 '새미'를 중얼거립니다. 그때 레너드는 자신이 죽인 사람이 부인을 죽인 살인자가 아니라는 것을 직감적으로 알게 됩니다. 그는 나탈리의 애인 '지미'였습니다. 레너드는 테디가 자신을 이용하고 있다는 사실을 깨닫고 무언가 중대한 결심을 합니다. 그 결심은 스포일러가 되지 않기 위해 여기서는 밝히지 않겠습니다. 그는 무슨 결심을 한 걸까요?

❸ 정 리

사랑을 잃은 슬픔은 말로 표현할 수 없습니다. 그 슬픔이 때로는 사람의 기억을 조작합니다. 기억이라는 것은 기록이 아닌 인간의 회상이니까요. 정확히 밝히진 않았지만 〈메멘토〉의 관람 포인트는 여기에 있습니다. 혹시나 우리도 사랑에 관한 우리만의 기억을 갖고 있진 않을까요? 사랑이라 생각했는데 집착은 아니었을까요? 어찌 보면 우리는 태어나서 수많은 사랑을 했고, 수많은 이별을 했습니다. 주인공 레너드처럼 우리도 사랑에 관해 '단기 기억 상실증'을 앓고 있는 것은 아닌지 자문해보며 끝마치도록 하겠습니다.

3. 그 외

♣ 중경삼림 ·································

> **학습목표**
>
> ○ 1. 색온도란?
>   2. 스텝 프린팅 기법 이해하기

🎞 **오프닝 타이틀** ●●● 예고편 감상

사랑은 우리에게 무엇일까요? 우리는 왜 사랑을 하는 걸까요? 이런 고민을 하는 분이라면 〈중경삼림〉을 추천해 드리고 싶습니다. 〈중경삼림〉은 세계적인 감독 왕가위를 한국 사람들에게 인식시켜준 작품입니다.

사실 그의 두 번째 작품 〈아비정전〉 개봉 당시 개봉관인 변두리 극장에서는 환불 소동까지 벌어졌다고 합니다. 〈아비정전〉은 수많은 마니아들을 거느리며 한 시대를 풍미한 작품이지만 대중성이 많이 떨어지는 작품임에는 틀림없죠. 〈아비정전〉의 한 장면을 보면 많은 분이 '아, 그 영화!' 하며 기억날 겁니다.

 **해당 부분 감상** ●●● 〈아비정전〉 러닝타임 24분–25분 부근

여러 편의 CF에서 패러디 하여 한국 사회에 해당 음악과 맘보춤을 유행시켰죠. 중경삼림은 왕가위의 세 번째 작품으로 사실은 〈동사서독〉을 찍고 있던 와중에 만들어진 영화랍니다. 들리는 풍문에 따르면 전작들의 연속적인 흥행 실패로 왕가위 감독은 상당히 곤란한 상황이었답니다. 그 당시 홍콩 영화는 스타 시스템에 의존해 굉장히 빨리 영화를 찍는 경우가 많았습니다. 그래서 배우 스케줄과 개봉 일에 맞추기 위해 시나리

오가 나오면 감독, 조감독, 심지어 제 2조감독까지 나누어 영화를 찍었다고 합니다. 당연히 그러기 위해서는 시나리오가 제작사에 미리 제시되어야 했죠.

하지만 왕가위는 자신이 직접 모든 씬을 연출하기 위해서 시나리오를 내놓지 않았다고 합니다. 그런데 연이은 흥행 실패로 굉장한 압력을 받았다고 합니다. 더구나 〈동사서독〉은 당시 홍콩에서 가장 잘 나가던 배우들을 데리고 사막 한 가운데서 촬영했으며, 1년이 넘도록 촬영이 끝나지 않았으니, 많은 사람들이 왕가위 감독의 생명을 걱정할 정도였다고 합니다. 그런 와중에 그가 홍콩으로 돌아와 단 2주 만에 촬영을 끝낸 작품이 〈중경삼림〉이고, 다행히 해당 작품은 큰 흥행을 했고, 그래서 왕가위 감독을 살렸다는 풍문이 들렸던 영화입니다.

1 작품분석

영화는 두 개의 에피소드로 구성됩니다. 〈중경삼림〉에서는 편의상 배우들의 이름을 쓰도록 하겠습니다. 첫 번째 에피소드는 사복 경찰 금성무와 마약 밀매업자 임청하에 관한 이야기입니다. 두 번째 에피소드는 경찰인 양조위와 그를 짝사랑하는 왕정문에 관한 이야기입니다. 두 개의 에피소드는 시간이 얽혀있습니다. 하지만 시간만 얽혀있을 뿐 두 에피소드는 따로 구성되어 있습니다.

♪♬ 캐릭터 설정

이 영화에 등장하는 두 명의 남자 주인공은 모두 실연당한 경찰입니다. 그리고 둘 다 실연의 아픔을 잊는 독특한 방법을 가지고 있습니다.

사복경찰 금성무는 도시를 있는 힘껏 달리고, 그것도 모자라 옛 애인에게서 연락이 없자 모아 두었던 유통기한이 지난 파인애플 통조림을 한 꺼번에 먹어치우는 무식함을 보여주기도 합니다. 쉬고 싶다는 임청하를 호텔로 데리고 가서, 엄마가 여자는 신발을 신고 자면 발이 붓는다고 했다며, 그녀의 더러워진 신발을 벗겨서 깨끗이 닦아 놓는 순박함도 엿보입니다.

양조위는 실연으로 인한 고독감을 달래기 위해 곰 인형, 금붕어, 비누, 젖은 옷 등에게 말을 걸며 혼자서 중얼거립니다.

임청하는 자신을 배신한 마약 중개업자를 총으로 살해할 만큼 과감한 여자입니다. 하지만 언제 비가 올지 모른다며 우비를 입고 선글라스로 자신을 가린 그녀의 모습에서 외롭고 고독하다는 것을 엿볼 수 있습니다.

가장 독특한 캐릭터는 양조위를 짝사랑하는 왕정문입니다. '마마스 앤 파파스'의 '캘리포니아 드림'을 틀어놓고 흥얼대며 캘리포니아로 떠날 꿈을 꾸는 발랄한 아가씨로 등장하는데 그 모습 자체가 엉뚱하고 귀엽게 보입니다. 양조위의 집에서 몰래 그의 옛 연인의 흔적을 지워가는 그녀의 모습은 너무나도 사랑스럽습니다.

네 명의 인물들에게 한가지 공통점이 있다면 바로 사랑을 하고 싶어 한다는 것입니다. 과연 그들은 사랑을 할 수 있을까요?

♪♫ 매력 포인트

많은 CF에서 패러디를 할 정도로 매력적인 영상을 〈중경삼림〉은 보여줍니다. 화려한 색채와 미장센, 거침없는 들고 찍기(핸드헬드), 저속 촬영, 스텝 프린팅 등이 감각적으로 잘 쓰였습니다.

배우들의 연기도 빼놓을 수 없습니다. 특히 왕정문은 〈중경삼림〉을 본 관객에게 잊을 수 없는 배우입니다. 음악 역시 이 영화에서 큰 매력 포인트로 작용합니다. 당시엔 어딜 가나 이 영화의 주제곡인 '캘리포니아 드림'을 들을 수 있었습니다.

 **해당 부분 감상** ●●● 러닝타임 66분-68분 부근

양조위 집 열쇠를 슬쩍한 왕정문이 그의 집에 몰래 들어가서 '캘리포니아 드림'을 틀어놓고 집안 구석구석을 훑어본 후 청소하고 떠나는 장면입니다. 이후에 그녀는 계속해서 양조위의 집에 잠입해 그의 옛 애인의 흔적을 하나하나 치워버립니다. 스토커의 모습이 엿보이지만 왕정문이기에 귀엽게 다가왔던 것은 아닐까요?

2 장면분석

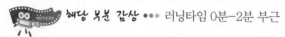 **해당 부분 감상** ●●● 러닝타임 0분-2분 부근

〈중경삼림〉의 초반 오프닝 장면입니다. 임청하는 누군가를 만나기 위해서 약속된 장소로 바쁘게 가고 있습니다. 경찰인 금성무는 도망치는 죄수를 쫓아 어두운 뒷골목을 뛰어 다닙니다. 그러다가 두 사람이 부딪히고 서로를 모른 체 스쳐지나갑니다. 그 찰나의 순간을 카메라는 포착합니다. 소외감과 불안감, 어두운 현실을 잘 묘사하고 있는 대표적인 장면이라고 할 수 있습니다.

*어두운 뒷골목을 빠르게 지나쳐가는 임청하. 그 뒤를 바짝 쫓는 카메라. 색온도 7000, 저속 촬영, 스탭 프린팅 기법을 이용해 뒷골목 풍경을 역동적이며 현실감 있게 표현
*영화에서 낮/밤 장면은 빛의 세기가 아닌 빛의 색깔로 인지됨. 푸르스름한 색깔을 띤 해당 장면은 밤으로 인식됨

*격하게 흔들리는 화면과 낯선 시선들 그리고 계속해서 뒤를 돌아보는 임청하의 모습이 불안감 조성
*카메라를 들고 찍는 것을 핸드 헬드라 함, 다큐멘터리에서 많이 사용하고 사실적인 느낌을 자아냄

*암울해 보이는 건물풍경
*금성무의 내레이션, 자연스럽게 금성무에게 화면이 넘어감

*호송 중이던 죄수가 도망을 치고 쫓아가는 금성무, 뒷골목 사이사이를 누비며 마치 미로 속을 헤매는 듯한 느낌을 줌

*주위의 모든 것이 흐릿하고 선명한 주인공의 모습이 그것들과 분리되어 있는 것처럼 보임, 스텝 프린팅 기법

*필름은 1초가 24프레임으로 구성, 스텝프린팅 기법은 1초에 24프레임으로 찍는 정속 촬영이나, 1초에 24 프레임 이하로 찍는 저속촬영을 한 후, 예를 들어 1,2,3,4,5.. 프레임 중에 홀수 프레임을 복사하고 짝수 프레임을 빼 버린 후, 1,1,3,3,5,5..순의 프레임을 편집하는 편집상의 기법

*금성무와 임청하가 부딪히는 순간 인서트 컷으로 벽에 걸려있는 달력 시계를 보여줌. 그 찰나의 순간을 강조
*〈아비정전〉도 이와 같은 맥락의 장면이 있음

〈아비정전〉의 해당 장면 보시겠습니다.

 해당 부분 감상 ●●● 〈아비정전〉 러닝타임 4분–6분 부근 '1분'

스텝 프린팅의 이해를 돕기 위해서는 〈중경삼림〉의 추가 영상을 보시면 됩니다.

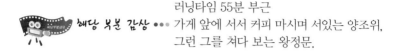

러닝타임 55분 부근
해당 부분 감상 ●●● 가게 앞에 서서 커피 마시며 서있는 양조위, 그런 그를 쳐다 보는 왕정문.

양조위가 커피 마시는 부분이 스텝 프린팅 장면입니다. 촬영할 때 양조위는 일부러 커피를 천천히 마시게 하고 카메라 앞을 스쳐지나가는 사람들은 그냥 평상시 속도로 움직이도록 연출된 것입니다. 그것을 저속으로 촬영하고 스텝 프린팅 작업을 거치면 이러한 영상이 만들어집니다.

왕가위 감독은 이러한 작업을 통해 마치 한 화면 안에 시간차가 존재하는 것 같은 영상을 만들어 냈습니다. 빠르게 스쳐지나가는 군중들로부터 소외되어 있는 것 같은 주인공의 모습이 더욱 외롭고 고독하게 느껴집니다. 다음의 장면도 비슷한 맥락의 장면입니다.

해당 부분 감상 ●●● 러닝타임 88분-89분 '캘리포니아'

누군가가 왕가위 감독에게 물었답니다. '당신에게 영화는 무엇입니까?' 왕가위 감독 왈 '시간입니다'라고 대답했답니다. 스텝 프린팅은 그런 왕가위 감독의 생각을 효과적으로 반영한 기법인 것 같습니다.

❸ 정리

왕가위 감독에 대한 소개와 그의 작품 〈중경삼림〉에 대해 살펴봤습니다. 왕가위 감독은 1990년대를 이야기 할 때 한국 사회에서 빼놓을 수 없는 감독입니다. 또한 그의 작품에서 사랑 이야기는 가장 큰 모티브로 작용한답니다. 그의 전(全) 작품을 추천합니다.

♣ 해피 투게더 ·····································

● 학습목표

○ 1. 핸드 헬드란?
2. '롱 테이크' 소개
3. 나와 다른 소수자들에 대한 배려

🎬 **오프닝 타이틀** ●●● 예고편 감상

왕가위 감독의 1998년 개봉작 〈해피 투게더〉입니다. 영화는 몰라도 배경 음악은 많이 들어 봤을 겁니다. 특유의 감각적인 영상과 주제의식이 잘 살아있는 작품입니다. 칸 영화제 감독상 수상작이기도 합니다.

여러분은 같은 이성을 좋아하는 동성애에 대해서 어떻게 생각합니까? 매스컴을 통해서 자신이 동성애자라는 사실을 밝힌 연예인이 몇몇 있습니다. 덕분에 동성애에 대한 논쟁이 활발히 벌어지기도 합니다. 실제로 네덜란드와 같이 동성애가 합법화 된 나라들도 있습니다만 우리나라는 동성애에 대한 사람들의 편견이 아직까지는 많은 것 같습니다. 무엇보다 나와는 다르다는 점을 인정해주고 존중해주는 인식이 필요하겠죠.

1 작품분석

♪🎵 줄거리

사랑하는 연인들의 만남과 이별에 대한 이야기입니다. 사랑하고 상처 받고 이별한 뒤, 다시 만나 서로에게 다시 상처를 주고 헤어지는, 그런 연인들의 사랑 이야기입니다. 다만 여기서 문제는 그 연인들의 법적 성별 이 둘 다 남자라는데 있습니다.

한국에서 1997년 개봉 불가 판정을 받았습니다. 사실 한국에서 너무나 잘 알려진 배우 장국영과 양조위가 출연하지 않았다면, 유명 감독 왕가위가 연출하지 않았다면 저를 포함한 많은 사람들이 보지 않았을 겁니다.

♪♬ 캐릭터 설정

① 아휘 – 아휘역을 맡은 양조위는 〈아비정전〉 이후 왕가위 감독의 작품에 많이 출연합니다. 이 작품에서도 보영에게 애증의 감정을 느끼는 아휘의 가슴 아픈 사랑 연기를 훌륭히 소화했습니다.

② 보영 – 보영역은 이제는 우리 곁에 없는 장국영이 맡았습니다. 장국영 역시도 왕가위 감독의 영화에 많이 출연한 배우로서 약간은 이기적이고 신경질적인 보영 역을 잘 소화했습니다.

③ 장 – 장역에는 그 당시 신예였던 장첸이 맡았습니다. 이후 〈와호장룡〉과 같은 좋은 작품으로 한국 관객에게 친숙한 연기자가 되어 좋은 연기를 선보이고 있습니다.

♪♬ 영화의 매력

〈중경삼림〉의 촬영감독이었던 크리스토퍼 도일과 왕가위의 감수성이 동성애를 나누는 아휘와 보영의 섬세한 감정을 별다른 거부감 없이 잘 보여주고 있습니다. 또한 동성애자들도 이성애자들과 별반 다르지 않은 방식으로 사랑을 하고 있음을 자연스럽게 우리에게 보여주고 있습니다. 우리나라에서 사실상 금기시되고 있는 동성애에 대해 다시 한 번 생각해 볼 수 있는 계기가 되는 작품입니다.

② 장면분석

일반적인 영화들과 비교해 봤을 때 해당 영화는 편집이나 촬영에 있어서 왕가위 특유의 독특한 장면들이 많이 나옵니다. 이러한 시도들은 우리에게 신선한 느낌을 줍니다. 핸드 헬드와 롱테이크를 활용한 두 장면을 골라 봤습니다.

 해당 부분 감상 ••• 러닝타임 62분-63분 부근

1

*동네 공터. 축구하는 청년들
*핸드 헬드 쇼트로 생생하고 역동적으로 표현

2

*점프컷으로 연결
*한국식 표현으로 들고 찍기 (핸드 헬드 쇼트)

3

*핸드 헬드로 촬영, 다큐멘터리 같은 느낌

4

*역동적인 느낌을 주는 핸드 헬드 촬영기법은 스포츠 영화나 전쟁 영화에 많이 쓰임

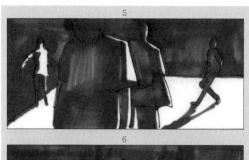

5

*또한 핸드 헬드는 액션, 추격 씬에서 인물의 내면이나 혼란스러운 심리상태 표현하기에 효과적임
*계속해서 점프 컷으로 쇼트 연결

6

*핸드 헬드와 점프 컷으로 컷 연결 – 군더더기 없고 깔끔한 느낌

 해당 부분 감상 ●●● 러닝타임 62분–63분 부근

점프 컷을 활용한 편집 방식을 고전적 편집 체계와 구분하기 위해 대안적 편집 기법이라고도 말합니다.

핸드 헬드가 효과적으로 쓰인 영화로는 〈라이언 일병 구하기〉를 빼놓을 수 없습니다. 관객에게 마치 전장의 한 복판에 있는 듯 한 느낌을 줍니다.

 해당 부분 감상 ●●● 〈라이언 일병 구하기〉 러닝타임 8분–11분

〈해피 투게더〉로 돌아와 이번에는 '롱 테이크'를 사용한 장면을 보겠습니다.

 해당 부분 감상 ●●● 러닝타임 35분–36분 부근

헤어졌다 다시 만난 아휘와 보영이 서로 사랑하는 감정을 느끼며 춤

을 추는 장면입니다. 이렇게 영화는 '아르헨티나' 하면 떠오르는 축구와 탱고를 통해 두 인물의 내면 상태를 잘 표현해 주고 있습니다.

*지속시간이 1분이 넘는 쇼트
 – 롱테이크
*한국말로는 '길게 찍기'
*관객을 관찰자의 시점에
 위치시킬 때 사용

한국 영화에서 대표적인 롱 테이크의 예로는 서편제가 있습니다.

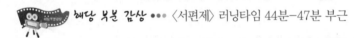

해당 부분 감상 ••• 〈서편제〉 러닝타임 44분–47분 부근

해당 씬은 5분이 넘어갑니다. 부분만 보여드린 겁니다. 그럼 최근 영화 〈살인의 추억〉 한 번 보겠습니다. 앞의 예는 카메라가 고정된 상태이고, 지금 보실 장면은 스테디 캠을 사용한 것으로 보입니다.

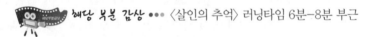

해당 부분 감상 ••• 〈살인의 추억〉 러닝타임 6분–8분 부근

롱 테이크가 무엇인지 이제는 확실히 아실 겁니다.

3 정리

이 영화는 동성애자의 사랑도 이성간의 사랑과 전혀 다를 것이 없다는 사랑의 진리를 깨닫게 해 줍니다. 타인과 다르다는 것, 가부장적인 한국 사회에서 버티기 힘든 요소입니다. 오늘은 우리들 대부분과 다른 소수에 대해 생각해 보는 시간을 가졌으면 합니다.

♣ 금발이 너무해 ·······························

○ 1. 킬링 타임용 영화란?
2. 장소 전환 방식 소개
3. 성장 영화의 이해

🎞 **오프닝 타이틀** ●●● 러닝타임 0분−3분 부근

방금 보신 장면은 〈금발이 너무해〉의 오프닝 시퀀스입니다. 경쾌하지 않습니까? 영화에 있어 시각적인 오프닝이 중요하다는 이야기를 한 적이 있는데요. 이는 전에 예를 든 〈스워드 피쉬〉처럼 액셔너블할 수도 있지만, 지금 본 영화 〈금발이 너무해〉처럼 경쾌할 수도 있습니다. 무엇보다 시각적인 오프닝 시퀀스는 주인공 '엘 우즈'가 어떠한 환경에 살고 있는지를 분명하게 보여줍니다. 그리고 해당 시퀀스의 마지막 장면에서 애인 워너의 사진을 보여줌으로서 그녀의 행복의 근원이 누구인지를 한 번에 제시하고 있습니다.

🔳 작품분석

♪🎵 줄거리

애인인 워너에게 차인 주인공 엘은 그를 되찾기 위해 하버드 법대에 진학합니다. 처음, 자신만의 방식으로 사랑을 되찾기 위해 노력하던 엘은 애인인 워너에게 머리가 나쁘다며 무시당합니다. 이에 열심히 공부한 그녀는 칼라한 교수의 인턴으로 시작해 재판을 승소를 이끌 뿐만 아니라 졸업생 대표로 연설을 할 정도로 성장합니다.

♪♬ 흥행요소 살피기

〈금발이 너무해〉는 개봉 당시 〈파이널 판타지〉를 밀어내고, 미국의 메이저 배급사인 MGM사의 역대 주말 개봉 1위를 차지할 정도였다고 합니다. 흥행 요소를 중심으로 해당 영화의 몇 가지 부분들에 대해 살펴보도록 하겠습니다.

① 주인공 여배우 '리즈 위더스푼'의 연기력

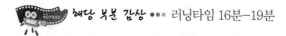 러닝타임 16분−19분

리즈 위더스푼은 배우로서 예쁜 편이 아닙니다. 하지만 그녀의 톡톡 튀는 발랄한 연기는 영화에 활력을 불어넣기에 충분합니다. 도대체 누가 이런 자기 소개서를 하버드 법대에 입학용으로 제출할까요? 영화니까 가능한 이야기겠죠. 해당 장면은 구성점 I 도 포함하고 있습니다. 전체 러닝 타임이 90분 정도인 이 영화는 19분 정도에서 구성점 I 이 나옵니다. 바로 하버드 법대 합격이 결정되는 순간입니다. 기적 같은 하버드 법대 합격으로 엘과 전 애인이 되어버린 워너의 관계는 새 국면을 맞습니다.

② 킬링 타임용으로 제격인 영화

〈금발이 너무해〉는 정말 틀에 박힌 스토리로 이루어져 있습니다. 전개되는 스토리의 개연성이 현실에서는 도저히 있을 수 없는 우연으로 이루어져 있는 부분이 많습니다.

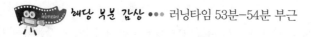 러닝타임 53분−54분 부근

인턴으로 엘이 참여한 사건에서 남편을 죽인 여자로 몰린 브룩은 엘의 대학 선배입니다. 이러한 인연은 변호사 자격증도 없는 엘이 극중에서 메인 변호사가 되는 중요한 기회를 제공합니다.

영화기행 수업노트

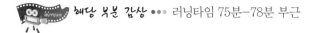

속물적인 교수이자 변호사인 칼라한에게 충격 받아 모든 것을 포기하고 떠나려고 할 때 정말 생뚱맞게 도움을 주는 사람은 스트롬 웰이라는 여교수입니다. 이처럼 영화 〈금발이 너무해〉는 중요 부분이 우연성에 기대어 전개되고 있습니다.

하지만 〈금발이 너무해〉가 그래서 흥행 했는지도 모릅니다. 우리들 대부분은 부담 없이 즐기기 위해 영화관에 가니까요[40]. 주인공의 경쾌함에 동화된 우리는 현실에서는 없는 행운이 일어나 그녀가 잘되길 바라니까요. 그리고 무엇보다 이런 류의 허리우드 영화에서 비극적 결말은 금기사항입니다.

앞에 감상한 두 장면도 구성점 역할을 하고 있습니다. 액트Ⅱ에서 12–14개, 액트Ⅲ에서 2–3개 정도 존재하는 작은 구성점입니다. 이러한 구성점은 영화의 스토리가 계속해서 앞으로 나아가도록 돕습니다.

③ 톡톡 튀는 의상과 깜찍한 미술 세팅, 소품의 사용

오프닝 시퀀스에서 보았던 엘 방의 깜찍한 미술 세팅 기억 나시죠?

톡톡 튀는 의상은 다음 장면을 보면 됩니다.

 해당 부분 감상 ••• 러닝타임 19분–21분

---

40) 이렇게 부담없이 시간을 때우기 좋은 영화를 속칭 킬링 타임용 영화라 합니다.

해당 부분은 법대에 합격한 엘이 하버드로 가는 모습과 도착해 이삿짐을 푸는 장면까지입니다. 하버드에 도착한 그녀는 사람들에게 별종으로 보입니다. 깜찍한 스포츠카를 몰고, 보기 드문 옷을 입고, 귀여운 애완견까지 동반한 엘은 눈에 띨 수밖에 없겠죠.

그리고 하버드로 이동하는 엘의 모습을 통해서 영화상 장소의 큰 이동이 있을 때 고전적으로 사용하는 방법을 엿볼 수 있습니다. 출발지의 모습과 도로를 달리는 자동차 쇼트를 집어넣고, 도착지의 전경과 도착하는 곳을 보여줍니다. 이때 음악은 필수입니다. 물론 배경이 되는 큰 장소가 바뀌니까 화면의 이미지가 변하듯 음악도 당연히 바뀝니다.

④ 인물의 변화, 성장

무엇보다 우리가 이 영화에 빠져 드는 매력은 주인공 엘의 변화하는 모습 때문이 아닐까 싶습니다. 엘의 인생 목표는 처음에는 워너와 결혼하는 것입니다.

그녀는 그를 따라서 지금까지 생각지도 않았던 하버드 법대에 진학하니까요. 하지만 그렇게 노력했는데도 워너에게 무시당하자 엘은 자신이 그렇지 않다는 것을 보여주기 위해 열심히 공부하고 주변 사람들에게 서서히 인정을 받기 시작합니다. 워너의 무시가 인생의 전환점이 된 셈입니다. 영화 속에서 그녀의 인생 전환점이 된 사건이 영화에 있어서는 중간점으로 기능합니다.

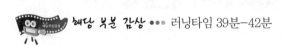

해당 부분 감상 ••• 러닝타임 39분-42분

중간점을 기점으로 엘은 워너에게 매달리지 않고 자신의 인생을 개척하게 됩니다. 그녀는 서서히 자신의 인생을 갖게 됩니다. 이처럼 우리는 알게 모르게 주인공의 성장을 통해 영화에 빠져들 때가 많습니다.

성장 영화로 추천해 드리고 싶은 대표적 영화로는 〈빌리 엘리어트〉란 영화가 있습니다. 기회가 되는 분들은 꼭 한번 보라고 권하고 싶습니다.

3 정리

동화 같은 이야기 〈금발이 너무해〉를 방문해 본 기분이 어떻습니까? 현실에서는 불가능한 이야기지만, 요새 미스코리아 대회에 관한 기사를 보면 그런 것도 아닌 것 같습니다. 예쁘고 똑똑하고 집안까지 좋은 분들이 너무 많아서 약간은 위축되기도 하지만, 사실 엘은 처음부터 똑똑한 여자라는 설정이 분명히 영화 전반에 보여 집니다.

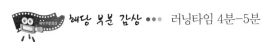 해당 부분 감상 ●●● 러닝타임 4분-5분

문제는 엘의 잠재력을 워너가 미처 깨닫지 못하고 찼다는 데 있습니다. 더욱이 자신을 진심으로 사랑해주는 사람을 말입니다. 좀 더 느껴볼 분에게는 〈패밀리 맨〉이라는 영화를 추천해 드리고 싶습니다. 인생은 선택의 연속이듯이 사랑도 선택의 연속이겠죠.

오늘은 자신의 사랑을 돌아보는 시간을 가졌으면 합니다. 특히 이별의 기로에 서 계신 분들, 다시 한 번 잘 생각해보는 것은 어떻습니까? 사랑은 사람에게 그리 많이 찾아오지 않는 인생의 가장 큰 행운 아닙니까? 그리고 다른 한편으로 상대방이 자신을 진정으로 사랑하는지도 한번 생각해 보는 것도 중요할 것 같습니다. 만약 워너같은 남자라면 헤어지는 편이 낫겠지요. 자기 자신 또한 소중하니까요.

단편 영화 〈화려하지 않은 고백〉, 〈강화도〉

♣ 화려하지 않은 고백······························

🍃 학습목표

○   1. 단편영화 〈화려하지 않은 고백〉 감상하기
    2. 콘티란?

🎞 **오프닝 타이틀** ••• 러닝타임 13분–14분

지금까지는 장편 상업영화에 대해 주로 살펴보았습니다. 이번에는 사랑이야기가 소재인 단편 영화를 감상하겠습니다. 첫 번째 소개해 드릴 작품은 전성빈 감독의 〈화려하지 않은 고백〉입니다.

1️⃣ 작품감상

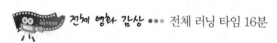

전체 영화 감상 ••• 전체 러닝 타임 16분

예술은 본인이 직접 느껴야지 그 온전한 감흥을 받을 수 있습니다. 머리로 이성(Reason)적으로 사고하는 것이 아닌 몸 전체에서 감각(Sensation)적으로 직접 흡수해야 하는 것[41]입니다. 따라서 단편 영화 감상은 그 좋은 예라 생각됩니다. 왜냐하면 전(全)편을 여러분들이 직접 감상하도록 해 드릴 수 있기 때문입니다.

---

41) 다음의 책에서 '신체의 코기토' 부분을 참조했다.
    진중권,『진중권의 현대 미학 강의』, 아트북스, 2003, 190–192쪽.

2 콘티란?

영화를 촬영하기 전에, 모든 스탭이 촬영하기 위해 무엇을 준비해야 하는지 알기 위해서, 반드시 필요한 촬영용 그림을 말합니다. 주로 왼쪽에 그림이 들어가고 그 옆에 등장인물의 구체적 행동이 기술됩니다. 특이사항이 체크되어 있기도 하고요. 여러분이 이제까지 장면 분석한 쇼트 그림이 촬영 전에 그려지게 되면 콘티가 되는 것입니다.

3 정 리

누구나 한번쯤 사랑 때문에 가슴 설레는 경험을 해보았을 겁니다. 해당 작품은 그 부분을 깔끔하게 잘 표현했다고 보여 집니다. 첫사랑이 항상 설렘으로 기억되는 건, 아마도 사귀기 전 느꼈던 그 떨림 때문이 아닐까요? 오늘은 잠시 하던 일을 접고, 삶에 지쳐 잊고 살았던 첫사랑에 대해서 잠시 생각해 보는 건 어떨까요?

〈화려하지 않은 고백〉 콘티

*정민 : 아니야, 오빠.
(그렇게 멀지 않은 자리에
앉는 경훈)

*석환 : 그러지 말고
오늘 우리 집에 갈래?
(둘의 모습이 신경 쓰이는지
둘을 보며 대화를 엿듣는 있
는 경훈. 매만지는 음료수 캔)

*정민 : 그럴까?
*석환 : 그래 간만에 같이
놀다가 자구 가..
(정민, 석환의 팔짱을 끼기도
매우 활짝 웃는 모습들)

*정민 : (냄새를 맡으며 인상
을 쓴다)오빠, 담배 피우지?
(경훈, 침이 넘어간다)

♣ 강화도 ·······························

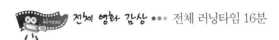 오프닝 타이틀 ●●● 러닝타임 6분~7분

두 번째로 감상할 단편영화는 차기환 감독의 〈강화도〉입니다. 부분 감상한 시퀀스는 사랑하는 사람을 떠나보낸 선희라는 여자가 강화도라는 낯선 곳으로 찾아와 떠난 사람의 흔적을 되밟아 보는 장면입니다. 극 중에서 선희가 부르는 노래인 이동진 작사, 안호철 작곡의 〈노을〉이라는 노래 역시 밝은 동요이지만 해당 장면에서는 구슬프게만 들립니다.

전체 영화 감상 ●●● 전체 러닝타임 16분

발생학적 오류[42]라고 들어보셨나요? 작품을 비평하는데 있어 작품 자체만으로 비평해야지, 작품의 창작자에게 기대어 '이래서 이 작품은 이렇게 보인다'라는 식으로 비평하는 방식이 잘못됐다고 할 때 쓰는 용어입니다. 처음 해당 단편을 봐달라고 제의 받았을 때 보기를 망설였는데, 그 이유가 해당 단편 영화 감독이 만드는 영화 스타일을 잘 안다고 착각했기 때문입니다. 즉 작품 보다 감독을 보고 이미 자체 평가를 해 버린 것이죠. 하지만 예의상 본 해당 작품의 끝 부분에서 필자는 말할 수 없는 무언가를 감각(Sensation)적으로 느끼고 있는 자신을 발견하게 됩니다.

---

42) 자세한 사안은 다음의 책을 참조하면 된다.
　　제롬 스톨니쯔, 오병남 옮김, 「미학과 비평철학」, 1991.

물론 많은 단편들이 극 중 배우의 행동에 대해 전혀 친절하지 않듯이 사실 해당 영화도 그렇습니다. 극중에서 남자 주인공인 기수가 선희를 좋아하는지도 확실치 않고 선희가 누군가를 그리워하는 것 같지만 정확히 왜 그러는지 친절하게 설명되어 있지 않습니다. 하지만 우리는 마지막에 굳이 설명하지 않아도 무언가 말 못할 느낌을 받을 수 있습니다. 단편영화라는 것이 하나의 느낌만 잘 형상화해낸다면 성공했다는 관점에서 이 작품에 후한 점수를 주고 싶습니다.

♣ 영화 추천 ·····································

이번에는 미처 다루지 못한 사랑 이야기를 소개합니다.

1 〈내 머리 속의 지우개〉

정우성과 손예진이 주연을 맡아서 열연하고 이재한 감독이 연출한 〈내 머리 속의 지우개〉입니다. 이 영화는 '알츠하이머'라는 독특한 소재의 슬픈 멜로영화입니다.

대한민국 최고 미남/미녀 배우의 캐스팅에, 우리나라 흥행뿐만 아니라 일본에서도 제 2의 한류열풍을 일으키며 박스오피스 1위를 차지했다고 합니다.

철수와 수진은 운명적으로 만나서 결혼합니다. 하지만 알츠하이머인 수진의 기억력 악화로 점점 힘들어집니다. 급기야 철수마저 알아보지 못하는 수진. 하지만 철수는 끝까지 그녀를 보살펴줍니다. 사랑하는 사람이 있다면 끝까지 지켜주세요.

2 클래식

〈엽기적인 그녀〉를 연출한 곽재용 감독의 차기작입니다. 손예진과 조승우는 대스타지만 해당 영화 개봉 당시만 해도 신인급 연기자여서 사람들의 기대는 크지 않았습니다. 하지만 영화가 좋다는 입소문이 퍼지면서 꾸준한 관객몰이에 성공합니다.

손예진이 엄마와 딸인 주희와 지혜, 1인 2역을 연기했습니다. 영화는 현재 딸의 사랑이야기에서 시작해 과거 엄마의 사랑이야기를 같이 보여줍니다. 2002년, 지혜는 상민(조인성)을 좋아하지만 친구 때문에 상민을 포기하려는데, 그로부터 한 장의 편지를 받습니다. 1960년대 말, 지혜의 엄마인 주희의 여고시절, 준하(조승우)로부터 친구를 대신해서 쓴 편지 한 통을 받는데 운명적이게도 두 편지의 내용이 같습니다.

영화적인 설정이지만 아련한 첫사랑의 설레는 느낌을 아름다운 영상과 감미로운 음악, 주옥같은 대사로 표현하고 있는 이 영화는 여러분에게 첫사랑의 추억을 되새겨보기에 충분할 것입니다.

③ 번지점프를 하다.

지금의 한류스타 이병헌을 있게끔 해 준 영화입니다. 고인이 된 이은주를 추억 할 수 있는 영화이기도 합니다. 김대승 감독의 데뷔작으로 개봉 당시 선생과 제자의 사랑과 동성애적 표현으로 화제를 불러일으킨 바 있습니다.

이병헌과 이은주가 국문과 82학번 인우로, 조소학과 83학번 태희로 출연합니다. 운명적인 만남을 통해 사랑에 빠진 두 사람은 인우의 군 입대로 이별을 합니다. 태희는 교통사고로 죽게 되고요. 그리고 세월이 흘러 2000년 봄, 고등학교 교사가 된 인우는 자신의 남자 제자에게서 태희의 모습을 발견하고 당황하게 됩니다.

④ 스캔들 – 조선남녀상열지사

한류 스타 배용준과 한국영화에 없어서는 안 될 두 여배우 전도연과 이미숙이 사극에서 만났습니다. 김대우 작가가 각본을 쓰고 이재용 감독이 연출했습니다. 프랑스 소설을 원작으로 한 이 영화는 화려한 미장센으로 볼거리 또한 풍부합니다.

배용준이 조선 최고의 바람둥이 조원으로, 이미숙이 사대부 현모양처의 삶을 살면서 남몰래 남자들을 정복해가는 요부 조씨 부인으로, 전도연이 수절하며 열녀문까지 하사받은 정절녀 정씨로 분했습니다.

개봉 첫 주말에 백만 관객을 돌파할 만큼 흥행에도 성공을 거두었습니다.

5 형사

강동원과 하지원, 안성기가 열연을 했던 영화 〈형사〉는 한국 최고의 스타일리스트라고 불리는 이명세 감독이 연출한 영화입니다.

조선 시대를 배경으로, 사랑하지만 사랑할 수 없는 안타까운 인연을 대결이라는 구도 속에서, 선명하고 화려한 색채, 장엄한 조명 등 뛰어난 영상미로 표현해 액션영화의 새 지평을 열었습니다.

선유도와 탱고가 합쳐진 리듬감 있는 액션을 소화하기 위해 배우와 스태프들은 하루 10시간씩 반년에 걸쳐 연습을 했다고 합니다. 평단으로부터는 좋은 반응을 얻었으나 흥행에는 실패했습니다. 하지만 '형사중독'이라는 팬 모임이 생길 정도로 화제를 낳기도 했습니다.

6 박하사탕

〈초록물고기〉, 〈오아시스〉를 연출한 이창동 감독의 두 번째 작품으로 설경구, 문소리가 주연을 맡고 제 4회 부산국제영화제 개막작으로 선정된 작품입니다.

한국 근대사의 어두운 면을 한 남자의 과거를 거슬러 올라가며 표현하고 있습니다. 물론 첫사랑의 아련한 추억을 간직하고 있는 영화입니다.

영호 역의 설경구는 이 영화로 연기파 배우의 대열에 합류하게 되었습니다. 지금의 설경구를 있게 한 영화라 할 수 있습니다. 그의 첫사랑으로 출연한 윤순임 역의 문소리는 이후 이창동 감독의 차기작 〈오아시스〉에 출연해 다시 한 번 설경구와 호흡을 맞춥니다.

7 아멜리에

장 피에르 주네가 연출하고 오드리 토투와 제 48회 칸 국제 영화제에서 〈증오〉라는 작품으로 감독상을 받은 마티유 카소비츠가 출연합니다.

프랑스 개봉 당시 800만이라는 관객을 동원하며 흥행에 성공했고 비평가들에게도 찬사를 받았습니다. 아기자기한 이야기 구성과 연출력, 독특한 촬영기법으로 만들어진 귀엽고 사랑스러운 판타지 로맨틱 코미디입니다. 프랑스판 '엽기적인 그녀'라고 볼 수도 있겠습니다.

아빠의 오진으로 어려서부터 집에서 가정교육을 받으며 생활했던 아멜리에는 어이없는 사고로 엄마가 돌아가자 혼자가 됩니다. 혼자지만 나름대로 즐기며 재밌게 살아가는 아멜리에, 엉뚱하고 사랑스러운 그녀 때문에 보고 나면 행복해지는 느낌을 받을 수 있을 겁니다.

8 물랑루즈

19세기 말 프랑스 파리, 몽마르뜨의 '물랑 루즈'라는 클럽을 소재로 바즈 루어만 감독이 연출한 작품입니다. 니콜 키드만과 이완 맥그리거가 주연을 맡아 아름답고 섹시한 여가수 샤틴과 시인 크리스티앙 역으로 출연합니다.

뮤지컬 영화로, 감각적인 음악과 강렬한 화면으로 어떻게 보면 잘 만들어진 한 편의 뮤직 비디오 같습니다. 아카데미 영화제에서 미술과 음악상을 수상했습니다. 화려하고 아름답지만 비극적인 사랑 이야기를 다룬 영화입니다.

9 로미오와 줄리엣

〈물랑루즈〉의 감독인 바즈 루어만의 전작입니다. 전 세계적으로 널리 알려진 셰익스피어의 고전 '로미오와 줄리엣'을 현대판으로 재구성했습니다.

레오나르도 디카프리오와 클레어 데인즈가 로미오와 줄리엣 역으로
출연합니다. 전 세계 젊은이들로부터 폭발적인 반응을 이끌어냈으며 평
단으로부터도 호평을 받았습니다. 빠른 영상과 편집, 현대적인 의상과
소품, 강렬하면서 아름다운 음악의 사용 등으로 고전에 대한 부담감이
있는 사람이라도 편하게 즐기면서 볼 수 있는 영화입니다.

🔟 세렌디피티

운명적 사랑을 믿는 여자 사라와 운명적 사랑을 만들어가는 남자 조
나단을, 케이트 베킨 세일과 존 쿠삭이 연기합니다. 제목의 뜻이 '뜻밖
의 행운'으로 영화의 내용을 함축적으로 표현하고 있습니다. 뉴욕 맨하
탄을 배경으로 하고 있으며 2002년 개봉했습니다. 〈쉘 위 댄스〉를 허리
우드에서 리메이크한 피터 첼섬 감독의 전작으로 개봉 당시 관객과 평단
양쪽에서 호의적인 반응을 얻었습니다. 운명을 믿는 사람이라면 추천해
드리고 싶습니다.

🔟🔟 그 외 고전 작품들을 추천해 드립니다.

◀ 1939년 빅터 플래밍 감독의
〈바람과 함께 사라지다〉

▲ 1940년 머빈 르로이 감독의
〈애수〉

▲ 1942년 마이클 커티즈 감독의
〈카사블랑카〉

영화 속 사랑이야기

3장

보고 느끼고 사랑하라! 그것이 젊음이다!

나는 매 학기 초, 수강을 하는 학생들에게 권유하는 것이 있다. 그것은 다름 아닌 꿈같은 학창 시절 동안 반드시 한 번 정도는 누군가와 미치도록 '서로' 사랑에 빠지라는 것이다. 그러면 많은 학생들이 반문한다. "우리도 서로 사랑에 빠지고 싶어요! 정말로요!" "하지만 어떡해요?" 여기서 문제는 내가 말한 사랑이 짝사랑이 아니라는 것에 있다. 난 그들에게 일반적으로 말하자면, 이성끼리 하는 연애를 권유한 것이다. 사랑하는 사람과 연애하는 것이 20대의 젊은이들에게 그리도 어려운 일인가?

하지만 사실 사랑은 어렵다. 40대에 접어든 나에게 조차도 사랑은 정말 어렵다. 심지어 사랑을 질리도록 받을 것 같은 스타 정우성조차도 이 세상에서 어려운 것이 사랑이라 하지 않았던가? 사랑하는 사람과 연애를 하는 것은 이 세상 누구에게도 정말 어려운 일인 것 같다. 그렇다고 분명 포기할 수는 없는 일이다. 우리들 대부분은 결혼을 했거나 할 것이고, 제대로 된 사랑하는 법을 안다면 우리 인생은 그만큼 풍요로워 질 것이다.

사랑! 그것이 참 문제다. 적어도 우리 인생의 삼분지 일을 차지하고 있다고 보여 지며, 어느 순간만큼은 인생의 전부가 되기도 하는 사랑! 생각해 보니 이렇게 중요한 사랑에 대해 우리는 단 한 번도 체계적으로 배워본 적이 없다. 하지만 분명히 우리는 사랑에 대해 대비해야만 한다. 그것도 20대라는 찬란한 학창 시절에 반드시! 왜냐하면 그때야말로 정말 조건 없이 순수하게 누군가와 사랑을 할 수 있는 소중한 시기이기 때문이다.

그렇다면 문제는 '사랑하는 법을 어디서 어떻게 배울 것인가?'가 참 난제다. 나는 여러분에게 그 한 방법으로 영화보기를 강력히 권유하고 싶다. 영화는 타 예술과는 달리 '대중 상업' 영화라는 별칭이 존재하는 독특한 분야의 예술이다. 그만큼 타 예술에 비해 접근하기 용이하며, 흥미롭게 다가갈 수 있는 부분들이 많다.

하지만 여기서 또 하나의 문제가 대두된다. "수십만 편의 영화들 중에 자신의 상황에 맞는 영화를 어떻게 골라 볼 것인가?" 이에 나는 여러분에게 몇 편의 영화를 추천해 드리고자 한다. 물론 해당 영화의 상황들이 여러분 각자의 경우에 딱 맞지는 못할 것이다. 하지만 분명 여러분에게 해당 영화들은 흥미를 느끼며 사랑에 대해 나름대로 진지한 고민을 할 수 있는 시간을 선사할 것이다.

당신이 옆에 사는 누군가를 너무나 오랫동안 은밀히 짝사랑해 왔던 사람이라면 〈아는 여자〉를 권하고 싶다. 더욱이 상대가 '첫사랑'을 찾아 헤매는 사람이라면 딱 일 것이다. 사랑에 깊은 상처가 있는, 감당하기 힘든 사람을 사랑하게 되었다면 〈엽기적인 그녀〉를 권유한다. 당신에게 그녀와 연애할 수 있는 지혜를 줄 것이다. 첫눈에 반한 '한 인간의 위대한 사랑'을 느껴보고 싶다면 〈너는 내 운명〉을 강력히 추천한다. "어차피, 살다 죽을 거면 나 은하랑 살다 죽을래!" 이 한 마디에서 느껴지는 포스는 정말 누군가를 '세상에서 가장 행복하게 해줄 수 있을 것' 같다. 세상이 사랑으로 가득 찬 것을 느끼고 싶을 때, 행복해지고 싶을 때는 〈러브 액츄얼리〉를 보시라. 당신은 이루어질 수 없는 사랑의 아픔도 체험할 수 있을 것이다.

우정이 사랑으로 변해감에 따라 고민하는 사람이라면 〈해리가 샐리를 만났을 때〉를 추천한다. 당신의 선택에 있어 탁월한 결정을 하도록 도울 것이다. 사랑하는 사람에게 다가가는 방법 때문에 고민이라면 〈Mr. 히치: 당신을 위한 데이트 코치〉를 보면 된다. 단, 사랑에 있어 가장 중요한 것이 '진실'이라는 사실을 당신은 잊어서는 안 된다. 만약 천운으로 스타와 사랑에 빠졌다면 〈노팅힐〉을 보시라. 스타도 사람이라는 위안과 프러포즈할 용기를 줄 것이다.

너무나 소심한 성격으로 첫 연애를 시작한다면 〈달콤 살벌한 연인〉을 권한다. 특히나 키스도 한 번 못해 본 남자라면 더욱 더 보시라 권유한다. 그 사람이 내가 생각했던 그런 사람이 아니더라도 실망하지 않을 것이다. 더불어 누리꾼이라면 〈전차남〉도 참조하시라. 세상 누리꾼들이 다 당신의 편일수도 있다. 누군가를 사랑하는 대학 동기를 짝사랑하고 있다면 〈사랑을 놓치다〉를 놓치지 마시라. 당신에게 절대로 "미안하다…"라는 말을 왜 하면 안되는지 깨닫게 해줄 것이다. '과수원 이야기'를 들으며 뛰쳐나가고 싶다면 당신은 이미 그 사람을 사랑하고 있는지도 모른다.

사랑이 가장 소중한 사람과 일이 더 중요한 사람이 만났다면, 〈이프 온리〉를 같이 보시라. 반복되는 하루를 통해 보여 지는 사랑의 소중함은 당신에게 사랑하는 사람을 위해 멋진 이벤트를 준비하도록 종용할 것이다. 상대방의 외모와 심성의 괴리 때문에 고민하고 있다면 〈내겐 너무 가벼운 그녀〉를 권한다. 당신에게 충분히 생각할 수 있는 시간적 여유를 줄 것이다. 그리고 물론 이러한 생각은 당신의 모습을 거울에 비추면서 갖도록 해라. 나처럼 당신도 살을 빼야할지도 모르니.

실연을 극복하는 재밌는 방법과 실연을 당한 사람을 은밀히 사랑하는 처지라면 〈중경삼림〉을 권하고 싶다. '원 나잇 스탠드(one night stand)'도 스쳐 지나간다. 생애 전부였던 사람에게 버려졌다면 〈금발의 너무해〉도 반드시 봐야한다. 당신에게 당신 인생을 위한 새로운 지침 – 소중한 당신을 먼저 돌아봐라 – 을 내려 줄 것이다. 혹시나 인생에서 한 번쯤은 반드시 지나치게 될 관문인 선수들을 대비한 필독서로는 〈작업의 정석〉을 보시라. 현실적으로는 〈미녀는 괴로워〉의 몇몇 부분과 약간 매치하셔도 좋다.

그밖에, 사랑에 임하는 노처녀의 상태를 알고 싶다면 〈브리짓 존스의 일기〉를 보시라. 과거 노총각이었던 나도 공감 가는 부분이 많았다. 동성애에 대한 편견을 갖고 있는 사람이라면 〈해피 투게더〉를 권한다. 동성애자들의 사랑도 이성애자들의 사랑과 별반 다를 바 없다는 것을 탱고의 선율과 더불어 우리에게 깨닫게 해 준다.

이상으로 나는 두서없이 여러분에게 사랑에 빠지라고 강권하고, 수편의 영화들을 소개해 드렸다. 해당 영화들을 찾아본다면, 여러분은 어느 정도 사랑에 대해 진지한 간접체험을 했다고 장담한다. 하지만 중요한 것은 이제 실제로 구체적인 행동으로 누군가를 사랑하는 것이다. 사랑은 꿈이 아닌 현실이기 때문이다. 일단 조끔씩 사랑을, 연애를, 구체적인 행동으로 실천하자. 우리에겐 이미 보기가 되어줄 수십만 편의 영화들이 우리를 기다리며 놓여있다.

보고 느끼고 사랑하라! 그것이 젊음이다!

* '영화 속 사랑이야기'에 관한 더 많은 정보를 원하면 다음의 사이트를 방문하면 됩니다. http://blog.donga.com/jainy

♣ 참고자료 ·····································

■ 논 문

김도영 「한국 영화 극적 구조 분석 및 새로운 지점에 대한 고찰」 『영화연구』,
  한국영화학회, 38호, 2008. 12

■ 단행본

제롬 스톨니쯔, 오병남 옮김, 『미학과 비평 철학』, 이론과 실천, 1991.
시드필드, 박지홍 옮김, 『시나리오 워크북』, 경당, 2001.
루이스 자네티, 반만준/진기행 옮김, 『영화의 이해』, K-books, 2008. 참조
편장완/한승룡, 『편집을 알면 영화가 보인다』, 도서출판 위드커뮤니케이션
  즈, 2002.
엠마뉴엘 시에티, 심은진 옮김, 『쇼트』, 이화여자대학교 출판부, 2006.
뱅상 피넬, 심은진 옮김, 『몽타주』, 이화여자대학교 출판부, 2006.
진중권, 『진중권의 현대 미학 강의』, 아트북스, 2003.
Syd Field, *The Screen writer's Workbook*, Bantam Dell, New York,
  2006.
_____, *The Definitive Guide To Screen Writing*, Ebury Press,
  Great Britain, 2003.
_____, *Four Screenplays*, Bantam Dell, New York, 2006

■ 영 화

뤼미에르 형제, 〈열차의 도착〉, 프랑스, 1895
루이 뤼미에르, 〈공장 노동자들의 퇴근〉, 프랑스, 1895
조르주 멜리에스, 〈달세계 여행〉, 프랑스, 1902
스탠리 큐브릭, 〈2001 스페이스 오디세이〉, 미국, 영국, 1968
_____, 〈샤이닝〉, 영국, 1980
리차드 도너, 〈슈퍼맨〉, 영국, 미국, 1979
롭 라이너, 〈해리가 샐리를 만났을 때〉, 미국, 1989
게리 마샬, 〈귀여운 여인〉, 미국, 1990
왕가위, 〈아비정전〉, 홍콩, 1990
해롤드 래미스, 〈사랑의 블랙홀〉, 미국, 1993

임권택, 〈서편제〉, 한국, 1993

스티븐 스필버그, 〈쉰들러 리스트〉, 미국, 1993

왕가위, 〈중경삼림〉, 홍콩, 1994

_____, 〈해피투게더〉, 홍콩, 1997

박기형, 〈여고괴담〉, 한국, 1998

스티븐 스필버그, 〈라이언 일병 구하기〉, 미국, 1998

패럴리 형제, 〈메리에겐 뭔가 특별한 것이 있다〉, 미국, 1998

_____, 〈내겐 너무 가벼운 그녀〉, 미국, 2001

로저 미첼, 〈노팅힐〉, 워킹 타이틀, 1999

롤프 슈벨, 〈글루미 썬데이〉, 독일, 헝가리, 1999

크리스토퍼 놀란, 〈메멘토〉, 미국, 2000

곽재용, 〈엽기적인 그녀〉, 신씨네, 2001

도미닉 세나, 〈스워드 피쉬〉, 미국, 2001

로버트 루케틱, 금발이 너무해, 미국, 2001

곽재용, 〈클래식〉, 한국, 2003

봉준호, 〈살인의 추억〉, 한국, 2003

리처드 커티스, 〈러브 액츄얼리〉, 워킹 타이틀, 2003

박찬욱, 〈올드보이〉, 쇼이스트(주), 에그 필름, 2003

장진, 〈아는 여자〉, 필름있수다, 2004

길 정거, 〈이프 온리〉, 영국, 미국, 2004

도이 노부히로, 〈지금 만나러 갑니다〉, 일본, 2004

앤디 테넌트, 〈Mr. 히치: 당신을 위한 데이트 코치〉, 미국, 2005

박진표, 〈너는 내운명〉, 한국, 2005

무라카미 쇼스케, 〈전차남〉, 일본, 2005

손재곤, 〈달콤 살벌한 연인〉, 싸이더스FNH(주) 2006

추창민, 〈사랑을 놓치다〉, 시네마서비스, 2006

이반 라이트만, 〈겁나는 여친의 완벽한 비밀〉, 미국, 2006

www.daum.net

www.naver.com

www.newsen.com

www.osen.co.kr

http://blog.donga.com/jainy

영화기행 수업노트
사랑

Memo

저자약력

김 도 영(度伶:도령)

• 중앙대 영화학과 졸업
• 중앙대 첨단영상대학원 MFA
• 대진대 · 중앙대 · 세종사이버대 강의
• 현) 안양과학대학 출강 중

영화 기행 수업노트
사랑

2011년 8월 16일 초판1쇄 인쇄
2011년 8월 20일 초판1쇄 발행

저 자   김 도 영
펴낸이   임 순 재

펴낸곳   **한올출판사**

저자와의
협의하에
인지생략

등록 제11-403호
│1│2│1│-│8│4│9│
주   소   서울시 마포구 성산동 133-3 한올빌딩 3층
전   화   (02)376-4298(대표)
팩   스   (02)302-8073
홈페이지   www.hanol.co.kr
e-메 일   hanol@hanol.co.kr
정   가   9,500원